通常の学級でやさしい学び支援

改訂 読み書きが苦手な子どもへの〈漢字〉支援ワーク

令和６年度版 教科書対応

東京書籍 3年

◇ **読めた！書けた！**漢字って簡単でおもしろい！

◇ 漢字の特徴をとらえた**新しいアプローチ！**

◇ **教科書**の新出漢字が楽しく学習できる**ワークプリント集**

竹田契一 監修 村井敏宏・中尾和人 著

JN214499

明治図書

はじめに

平成十九年から全国の小中学校で一斉に開始された特別支援教育。それは、子どもたち一人ひとりがどこでつまずいているのかをしっかり把握し、その子の学び方に応じて支援をしていくという新しい教育プログラムのスタートでした。中でも読み書きが苦手な子どもたちへどのように支援していくかが大きな課題でもありました。

しかし発達障害が背景にある読み書きが苦手な子どもの場合、単なるケアレスミス、うっかりミスで出来ないのではなく、聴く力では音韻認識の弱さ、見る力では視空間処理の弱さなど大脳機能が関係する中枢神経系の発育のアンバランスが原因であることが多いのが特徴です。この場合、「ゆっくり、繰り返し教える」という学校、家庭で使われている一般的な方法では、その効果に限界がみられます。

この〈漢字〉支援ワークは新しい教科書に合わせた内容になっており、しかも教室で教わる順番に漢字学習ができるようにセットされています。またこのワークは著者の村井敏宏、中尾和人両先生方のことばの教室での長年の経験を通して子どもたちの認知特性に合わせた貴重な指導プログラムの集大成となっています。左記のような「つまずき特性」を持った子どもに対してスモールステップで丁寧に教える〈漢字〉支援のワークシートとなっています。ぜひご活用ください。

1．読みが苦手で、読みから漢字を思い出しにくい。
2．形を捉える力が弱く、漢字の形をバランス良く書けない。
3．「視機能、見る力」が弱く、漢字の細かな形が捉えられない。
4．多動性・衝動性があるため、漢字をゆっくり丁寧に書くことが苦手。
5．不注意のために、漢字を正確に覚えられず、形が少し違う漢字を書いてしまう。

漢字が苦手な子どもは、繰り返し書いて練習するだけでは覚えていけません。一人ひとりの特性に応じた練習方法があります。〈漢字〉支援ワークを使ってつまずきに応じた練習をすることにより、自分の弱点の「気づき」につながり、「やる気」を促します。

読み書きが苦手な子どもが最後に「やった、できた」という達成感を得ることが出来ることを願っています。

監修者　竹田契一

もくじ

3学期（教科書　東京書籍3年・下70～129ページ）　99

注暗悪岸放幸悲商昭帳庫転第福等定宮宿追庭旅
息階重畑去礼待秒病童笛波

答え　119

＊本書の構成は、東京書籍株式会社の教科書を参考にしています。
＊教材プリントは、自由にコピーして教室でお使いください。
＊学習者に応じて**A4サイズに拡大**して使用することをおすすめします。

ワークシートの使い方

この本には、『通常の学級でやさしい学び支援3、4巻　読み書きが苦手な子どもへの〈漢字〉支援ワーク』に掲載されている4種類のワークについて、3年生の教科書で教わる200字の漢字すべてを収録しています。

1　かくれたパーツをさがせ

字の一部が隠された漢字を見て、正しい部首やパーツを書き入れるワークです。「『打つ』は手で持って打つから『てへん』」というように、部首の意味にも注目して書いていけるように支援してください。思い出しにくい場合には、8ページの「漢字パーツ」表を拡大して見せて、いくつかの中から選ばせることも有効な支援です。

下の文章には、問題の漢字だけでなく、既習の漢字も書き入れるワークになっています。

2　かん字足し算

2～4個の部首やパーツを組み合わせてできる漢字を考えさせるワークです。部首やパーツの数が多くなると、その配置もいろいろな組み合わせが出てきます。部首やパーツは筆順通りに並んでいるので、書くときのヒントにしてください。わかりにくい場合には、□を点線で区切って配置のヒントを出してあげてください(左図)。

配置のヒント例

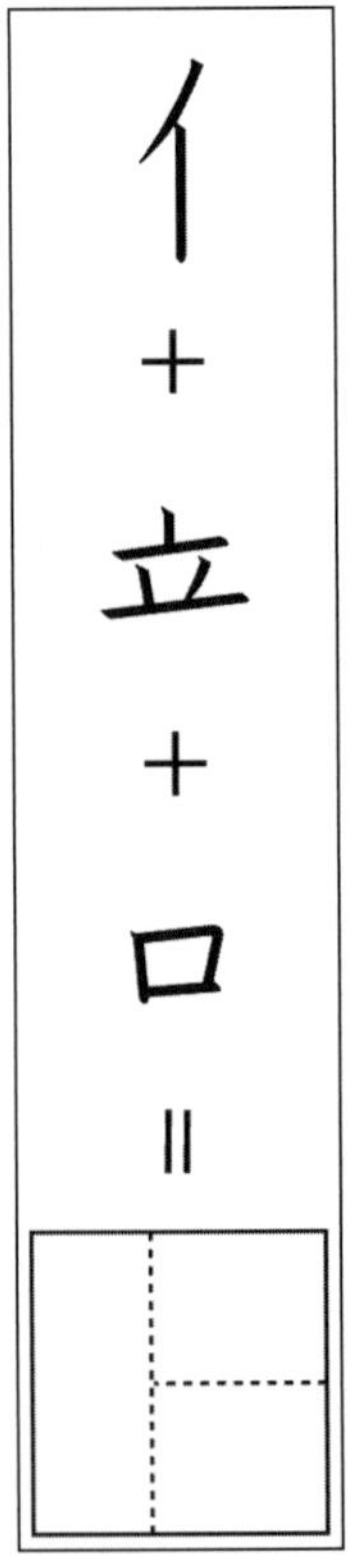

漢字を書いた後に、『にんべん』の横に『立つ』『口』で『ばい』のように式と答えを唱えさせるとよいでしょう。

3 足りないのはどこ（形をよく見て）

部分的に消えている熟語の足りない部分を見つけて、正しく書いていくワークです。（一部、熟語ではないものも含まれています。）

熟語の漢字の両方に足りない部分があります。線の数や細かい部分にも注意させてください。読みの苦手な子どもには、自分で書いた熟語だけを見せて、読みの練習もさせるとよいでしょう。

子どもによっては知らない熟語も含まれています。子どもに意味を説明させたり、どんな風に使われるかの例を示してあげることも語いを増やしていくことにつながります。

熟語として漢字を覚えていくことは、読解の力をつけるとともに、生活に活きることばの学習につながります。

4 かん字を入れよう

文を読み、文脈から漢字を推測して書いていくワークです。

漢字の読み方は文章の流れで決まってきます。そのため、文章を読む力が漢字の読みの力につながってきます。

ワークの左端には、□に入る漢字をヒントとして載せています。はじめはヒントの部分を折って、見ないで書かせましょう。また、漢字が苦手な子にはヒントを見せて選んで書く練習をするなど、子どものつまずきに合わせて使い分けてください。

漢字パーツ　3年生

パーツ	名前
冫	にすい
彳	ぎょうにんべん
扌	てへん
巾	はばへん
牛	うしへん
方	かたへん
ネ	しめすへん
月	にくづき
火	ひへん
石	いしへん
禾	のぎへん
矢	やへん
⻊	あしへん
車	くるまへん
金	かねへん
食	しょくへん
馬	うまへん
刂	りっとう
阝	おおざと
己	おのれ
寸	すん
欠	あくび
斤	おのづくり
戸	と
文	のぶん・ぼくにょう
酉	ひよみのとり
隹	ふるとり
頁	おおがい
宀	うかんむり
耂	おいかんむり
爫	つめかんむり
穴	あなかんむり
癶	はつがしら
匚	かくしがまえ・はこがまえ
尸	しかばね
广	まだれ
疒	やまいだれ
辶	しんにょう
走	そうにょう

1 学期

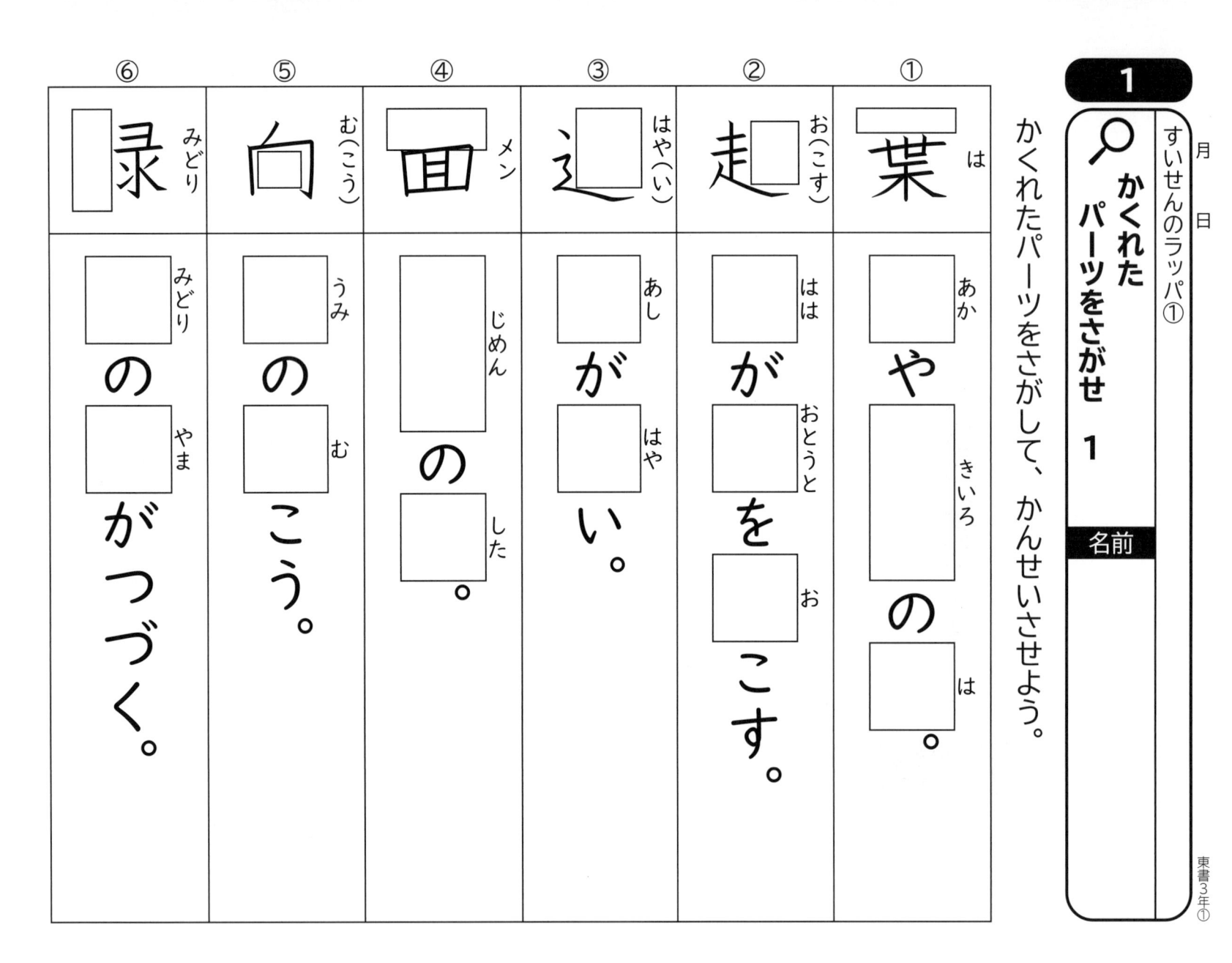

月　日

すいせんのラッパ①

1

かくれたパーツをさがせ　1

名前

かくれたパーツをさがして、かんせいさせよう。

①　□《は》
□《あか》や□《きいろ》の□《は》。

②　□《お(こす)》
□《はは》が□《おとうと》を□《お》こす。

③　□《はや(い)》
□《あし》が□《はや》い。

④　□《メン》
□《じめん》の□《した》。

⑤　□《む(こう)》
□《うみ》の□《む》こう。

⑥　□《みどり》
□《みどり》の□《やま》がつづく。

2

すいせんのラッパ②

月　日

かくれたパーツをさがせ　2

名前

かくれたパーツをさがして、かんせいさせよう。

① □咸（カン）

□《かんしん》なおこない。

② 豆□（ズ）

□《だいず》を□《た》べる。

③ □勿（もの）

□《うみ》の□《さかな》の□《ものがたり》。

④ □羕（ヨウ）

□《うま》の□《ようす》を□《み》る。

⑤ □士（シ）

さい□《ご》の□《しあ》げ。

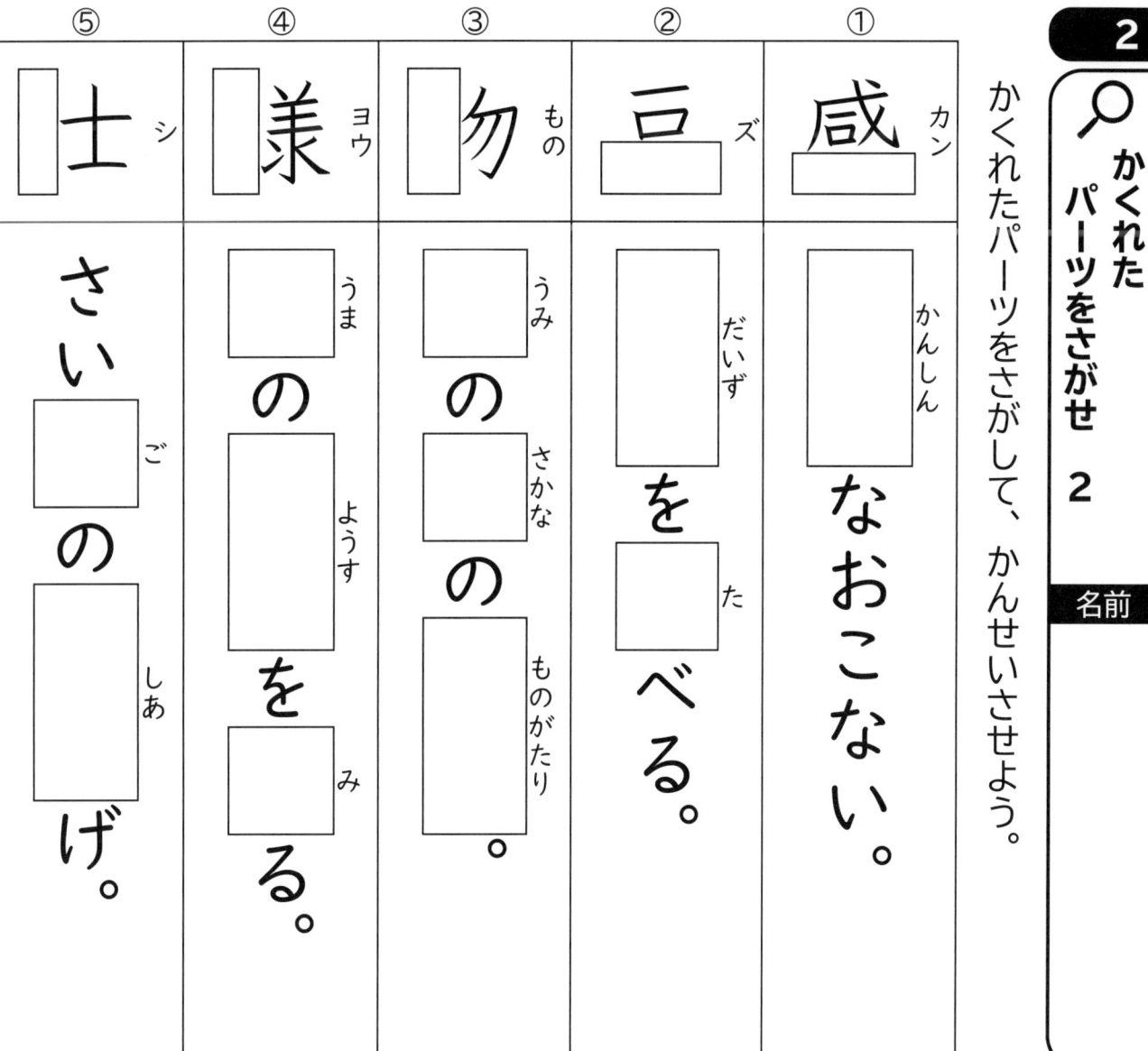

月　日

かん字をつかおう 1

3

かくれたパーツをさがせ 3

名前

かくれたパーツをさがして、かんせいさせよう。

① □東《レン》

□《いぬ》のくん□《れん》。

② □白《シュウ》

□《もじ》の□《がくしゅう》。

③ □州《シュウ》

□《きゅうしゅう》に□《ふね》で□《い》く。

④ 央□《オウ》

□《かみ》の□《ちゅうおう》に□《か》く。

⑤ □黄《よこ》

お□《てら》の□《よこ》の□《こうえん》。

⑥ □音《バイ》

□《ひゃくまんばい》の□《ちから》。

東書3年①

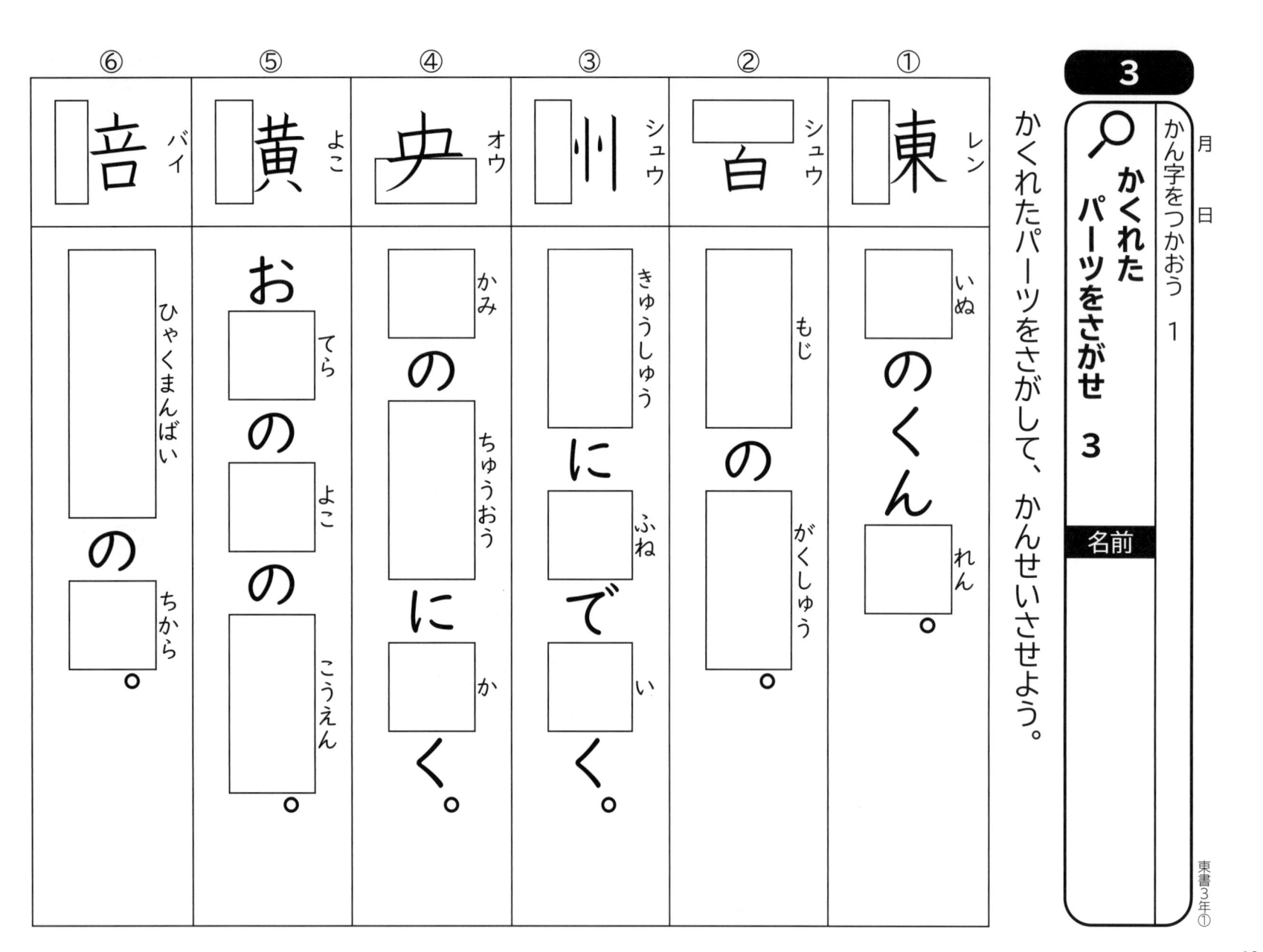

4 かくれたパーツをさがせ 4

名前

かくれたパーツをさがして、かんせいさせよう。

① □官《カン》
□《としょかん》の□《かんちょう》。

② □事《こと》
□《できごと》を□《はな》す。

③ □号《ゴウ》
□《なが》い□《でん》わ□《ばんごう》。

④ □使《つか(う)》
□《ゆみや》を□《つか》う。

⑤ □音《イ》
□《かみ》を□《ようい》する。

⑥ □味《ミ》
□《みかた》の□《にんずう》。

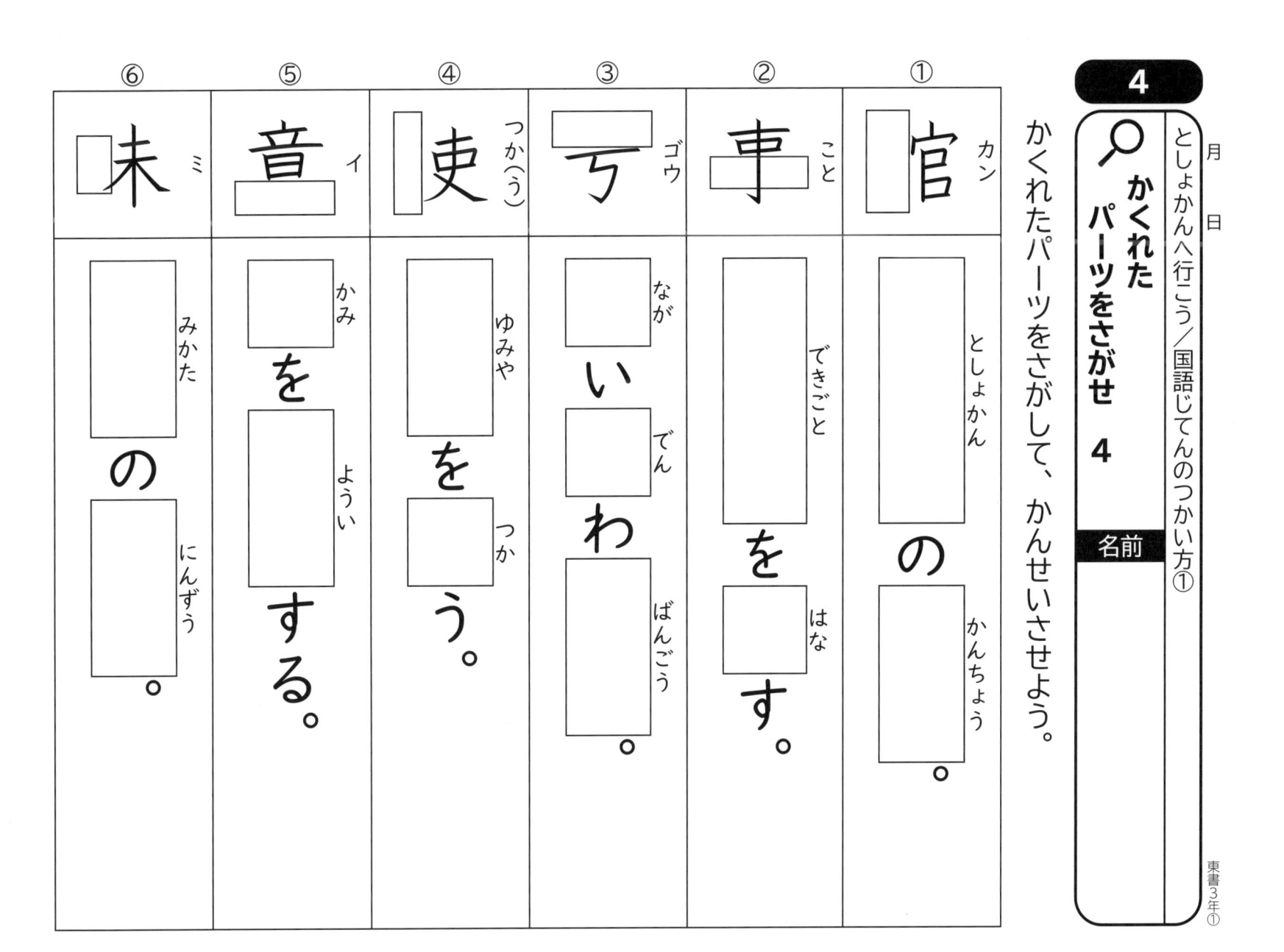

月　日

5

国語じてんの使い方②

かくれたパーツをさがせ　5

名前

かくれたパーツをさがして、かんせいさせよう。

①
□莫《カン》

□《かんじ》を□《か》く。

②
龶□《あらわ（す）》

□《かんが》えを□《か》き□《あらわ》す。

③
□周《しら（べる）》

□《か》き□《かた》を□《しら》べる。

④
□主《はしら》

□《はしら》を□《た》てる。

⑤
□斤《ショ》

□《ひろ》い□《ばしょ》に□《た》つ。

東書3年①

月　日

6 かくれたパーツをさがせ 6

メモをとりながら話を聞こう／自然のかくし絵①

名前

かくれたパーツをさがして、かんせいさせよう。

① と(る)

□《さき》に□《てん》を□《と》る。

② キョク

□《おんな》の□《きょくちょう》。

③ ハイ

□《てんき》を□《しんぱい》する。

④ す(む)

□《ながねん》□《す》んだ□《いえ》。

⑤ シン

□《しんちょう》をはかる。

⑥ そだ(つ)

□《げんき》に□《そだ》つ。

東書3年①

月　日

自然のかくし絵②

7

かくれたパーツをさがせ　7

名前

かくれたパーツをさがして、かんせいさせよう。

① 寸□ まも(る)
□《じかん》を□《まも》る。

② □央 き(める)
□《い》き□《さき》を□《き》める。

③ 重□ うご(く)
□《おお》きな□《くるま》が□《うご》く。

④ □寺 も(つ)
□《きも》ちを□《かんが》える。

⑤ 門□ と(い)
□《と》いに□《こた》える。

⑥ 是□ ダイ
□《あたら》しい□《ほん》の□《だいめい》。

8

自然のかくし絵③／漢字を使おう２①

月　日

かくれたパーツをさがせ　8

名前

かくれたパーツをさがして、かんせいさせよう。

①
音□《ブ》
□《いちぶぶん》を□《た》べる。

②
□聿《ふで》
□《ふで》で□《か》く。

③
耂□《もの》
□《がっこう》の□《にんきもの》。

④
者□《ト》
□《きょうと》のお□《てら》。

⑤
□K《こおり》
かき□《ごおり》を□《た》べる。

⑥
□永《およ(ぐ)》
□《いけ》で□《さかな》が□《およ》ぐ。

東書3年①

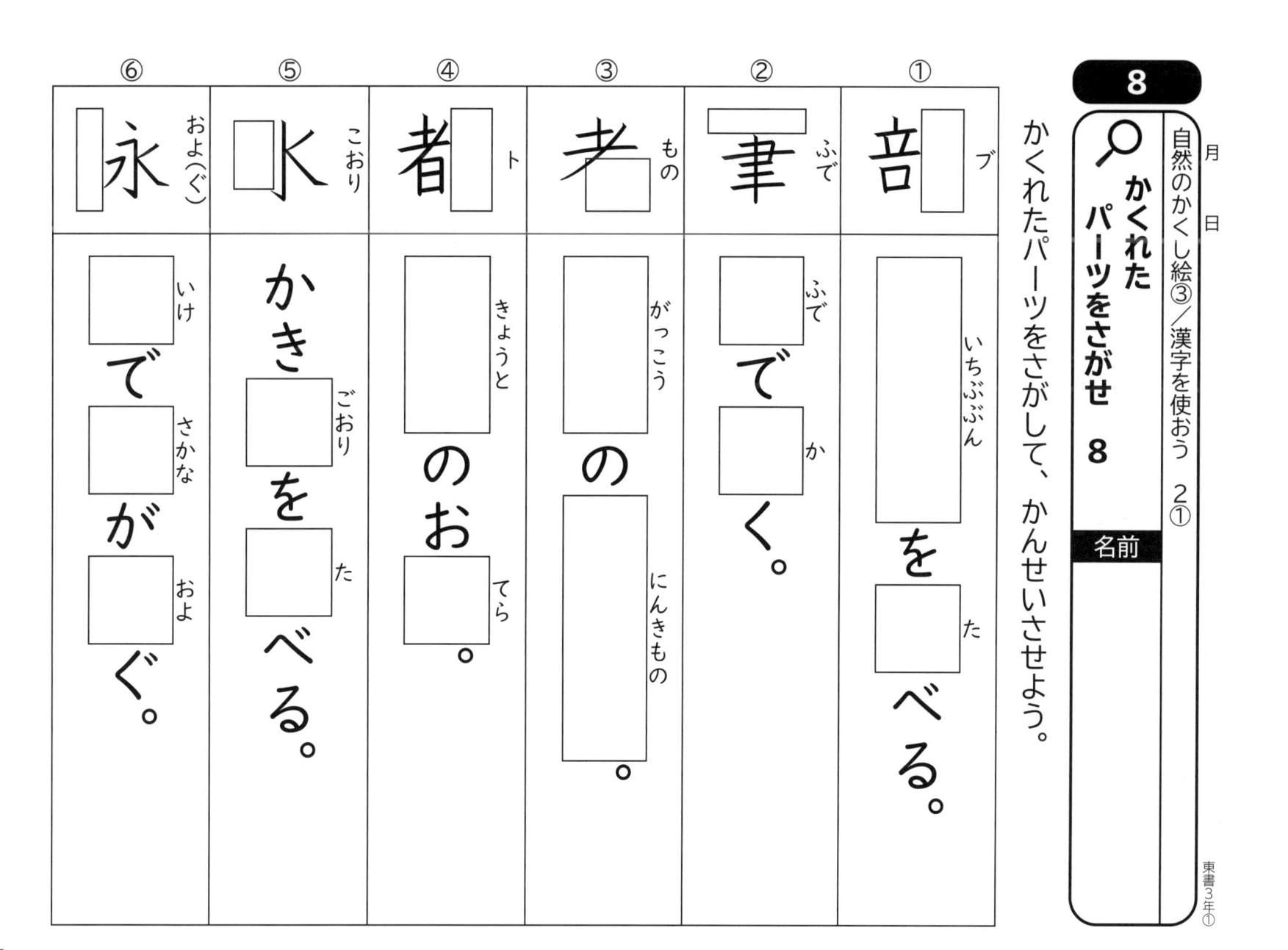

9 かくれたパーツをさがせ 9

漢字《かんじ》を使《つか》おう 2②／ぜん体《たい》と中心《ちゅうしん》／「わたし」の説明文《せつめいぶん》を書《か》こう①

月　日

名前

かくれたパーツをさがして、かんせいさせよう。

① ユウ
□《ゆうめい》な□《がか》。

② かえ(す)
□《ほん》を□《かえ》す。

③ あそ(ぶ)
□《こうえん》で□《あそ》ぶ。

④ ひら(く)
□《じゅうじ》に□《みせ》が□《ひら》く。

⑤ ゼン
□《ぜんこく》□《ちず》

⑥ はじ(める)
□《ある》き□《はじ》める。

10

「わたし」の説明文をかこう②

月　日

かくれたパーツをさがせ　10

名前

かくれたパーツをさがして、かんせいさせよう。

① □系《かかり》
□《としょがかり》になる。

② □世《よ》
□《よ》の□《なか》を□《し》る。

③ □冬《お(わる)》
□《なつやす》みが□《お》わる。

④ □古《ク》
□《くしん》して□《つく》る。

⑤ □矢《ゾク》
□《ごにん》□《かぞく》

⑥ □早《ショウ》
□《ぶんしょう》を□《か》く。

東書3年①

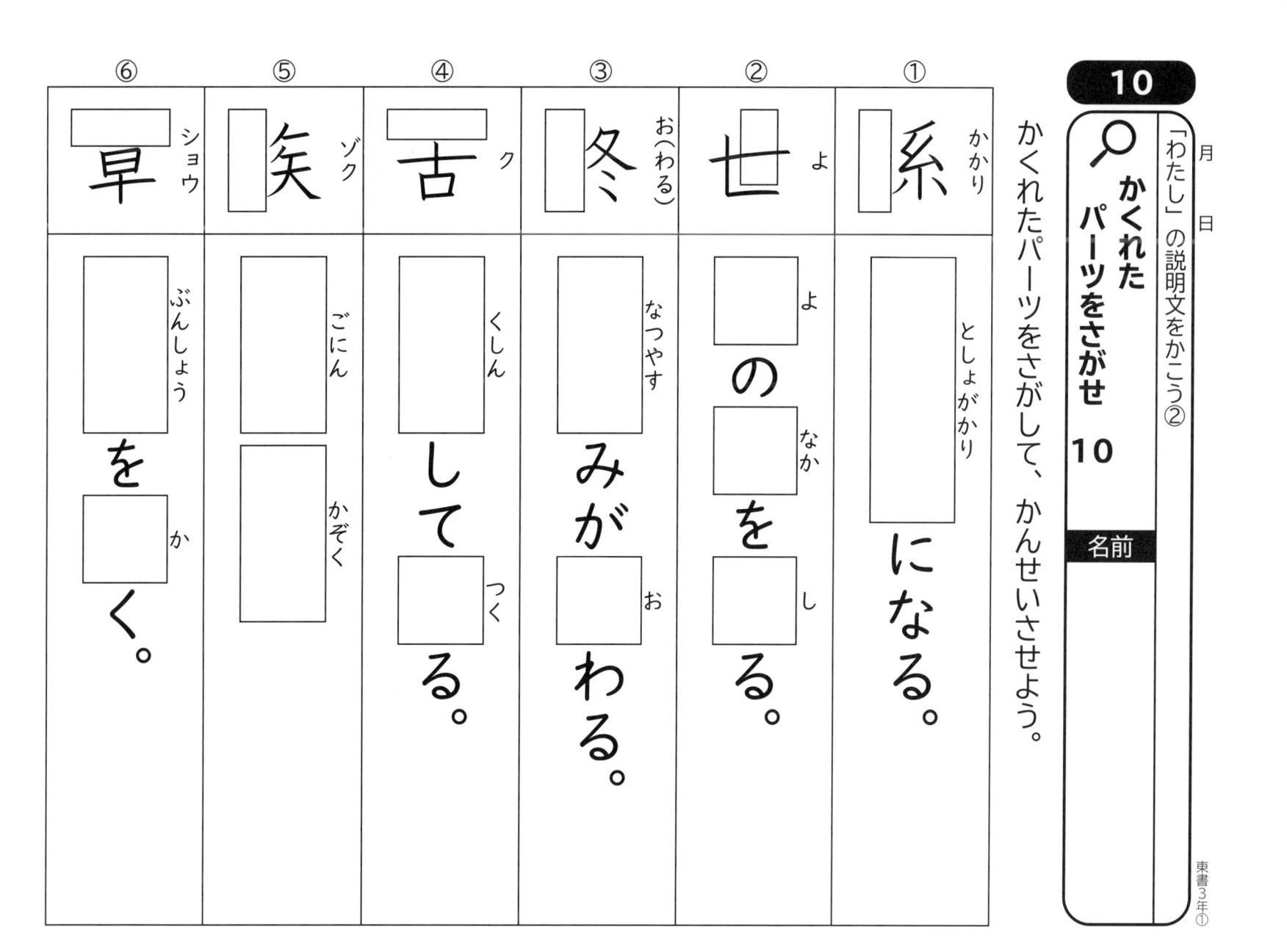

漢字の表す意味①

かくれたパーツをさがせ 11

月　日

名前

かくれたパーツをさがして、かんせいさせよう。

① 曲（キョク）
□《きょくせん》をえがく。

② 反（いた）
□《いた》を□《はんぶん》に□《き》る。

③ 品（ヒン）
□《さくひん》を□《か》う。

④ 皿（さら）
お□《さら》とお□《ちゃ》わん。

⑤ 禾（イ）
□《としょ》□《いいん》

⑥ 貝（イン）
□《かいいん》の□《なまえ》。

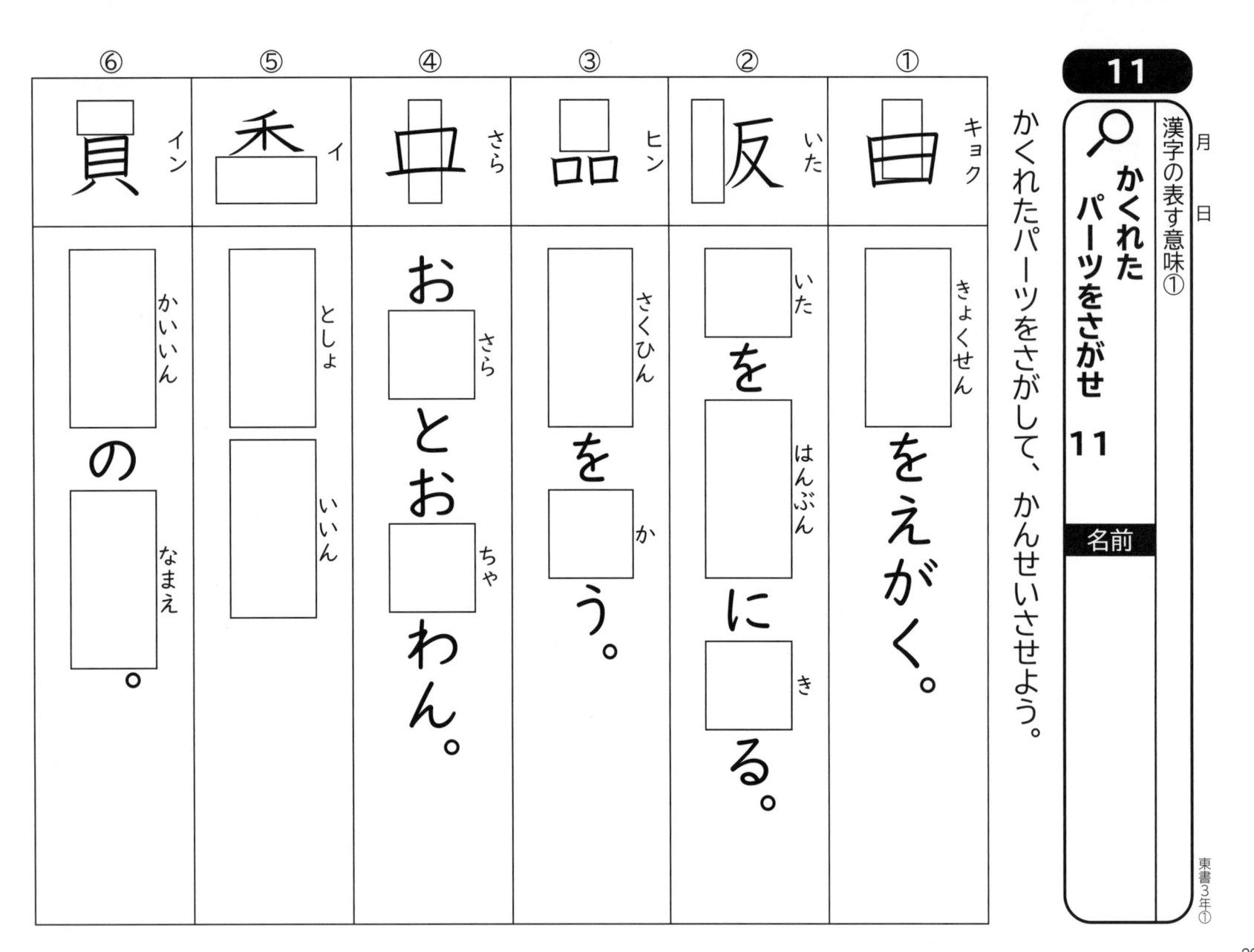

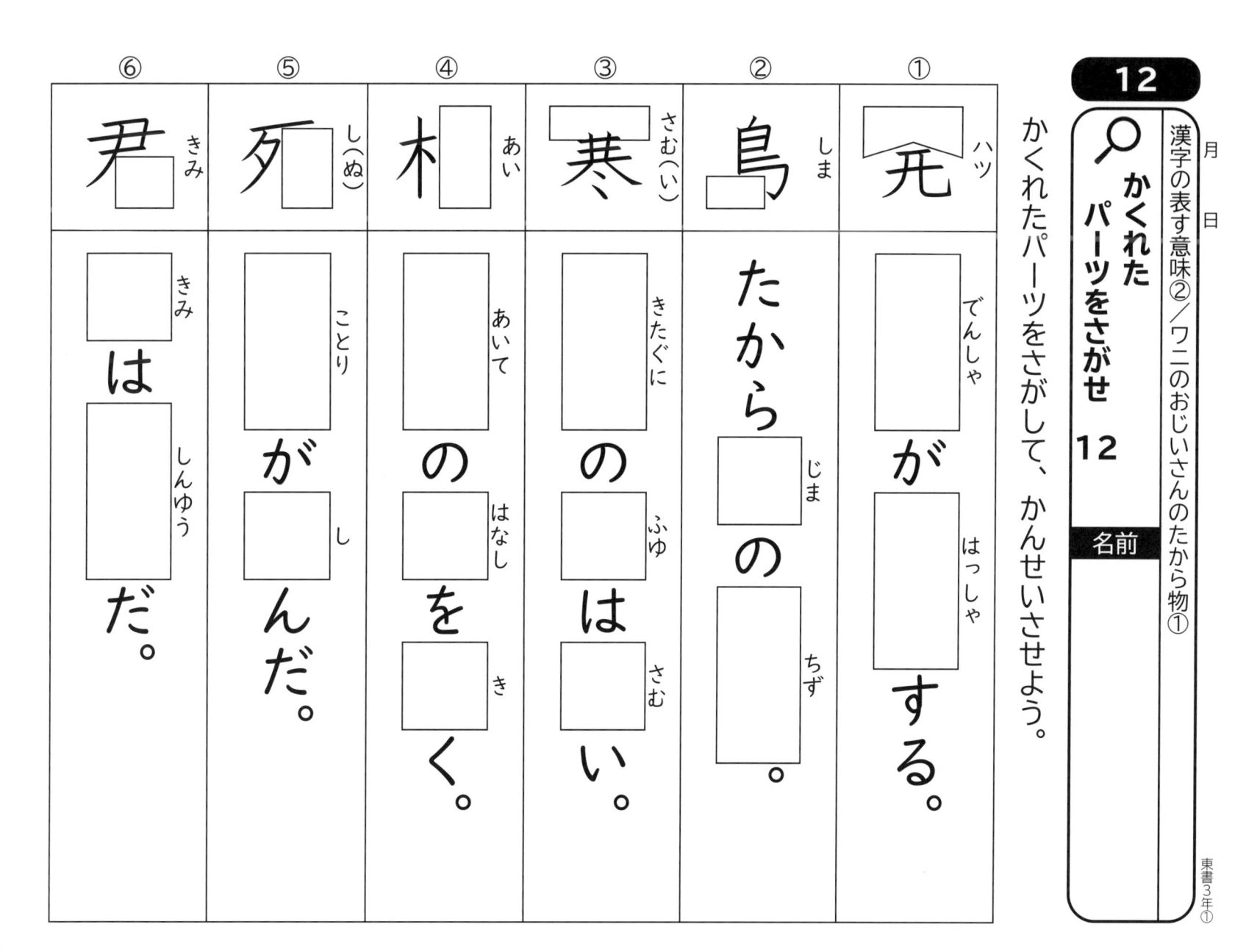

漢字の表す意味②／ワニのおじいさんのたから物①

月　日

かくれたパーツをさがせ 12

名前

かくれたパーツをさがして、かんせいさせよう。

	①	②	③	④	⑤	⑥
	□《ハツ》	□《しま》	□《さむ(い)》	□《あい》	□《し(ぬ)》	□《きみ》
	□《でんしゃ》が□《はっしゃ》する。	たから□《じま》の□《ちず》。	□《きたぐに》の□《ふゆ》は□《さむ》い。	□《あいて》の□《はなし》を□《き》く。	□《ことり》が□《し》んだ。	□《きみ》は□《しんゆう》だ。

東書3年①

13

ワニのおじいさんのたから物②／漢字を使おう　3①

月　日

かくれたパーツをさがせ　13

名前

かくれたパーツをさがして、かんせいさせよう。

① □女 アン

□《げんき》で□《あんしん》した。

② 急（上の部分のみ）□ いそ(ぐ)

□《がっこう》に□《いそ》ぐ。

③ □喬 はし

□《いしばし》をわたる。

④ □豆 トウ

□《げんき》に□《とうこう》する。

⑤ □皿 ち

けがで□《ち》が□《で》る。

⑥ 中のたて線のみ □ もう(す)

□《なまえ》を□《もう》す。

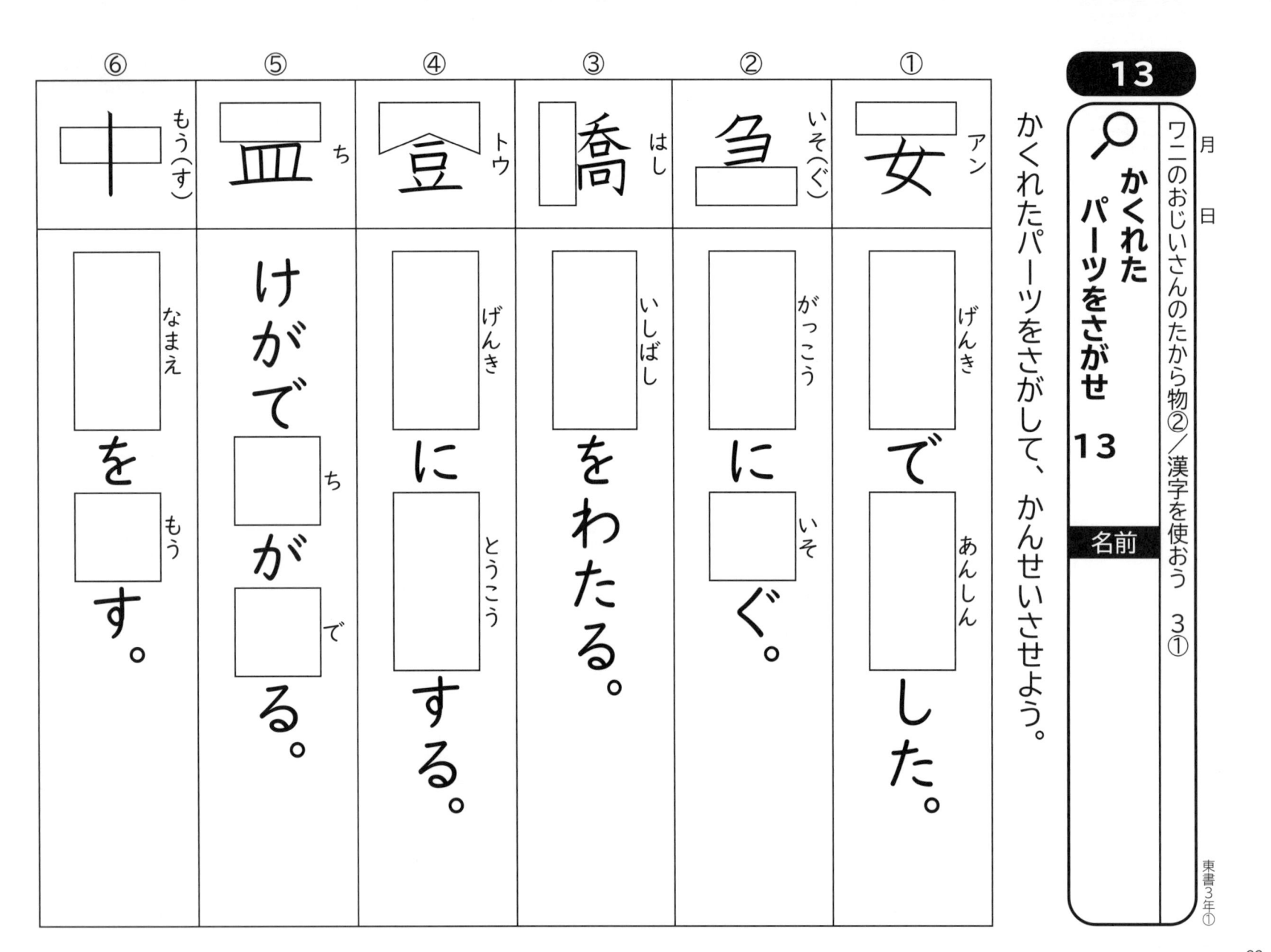

漢字を使おう 3②～「給食だより」をよみくらべよう①

月　日

かくれたパーツをさがせ 14

名前

かくれたパーツをさがして、かんせいさせよう。

①	②	③	④	⑤	⑥
□（ユウ）	相□（ソウ）	□寺（シ）	□木（あつ（める））	□欠（つぎ）	暑□（あつ（い））
□《じゅう》に□《え》をかく。	□《たの》しい□《くうそう》。	□《し》を□《よ》む。	□《かい》がらを□《あつ》める。	□《つぎ》の□《でんしゃ》が□《く》る。	□《みなみ》の□《くに》は□《あつ》い。

東書3年①

月　日

15

「給食だより」を読みくらべよう②

かくれたパーツをさがせ 15

名前

かくれたパーツをさがして、かんせいさせよう。

①

ギョウ

□《く》み□《た》て□《さぎょう》。

②

み

□《くさ》の□《み》。

③

ノウ

りんご□《のうか》

④

いのち

□《いのち》を□《たいせつ》にする。

⑤

うつ(す)

お□《てほん》を□《うつ》す。

東書3年①

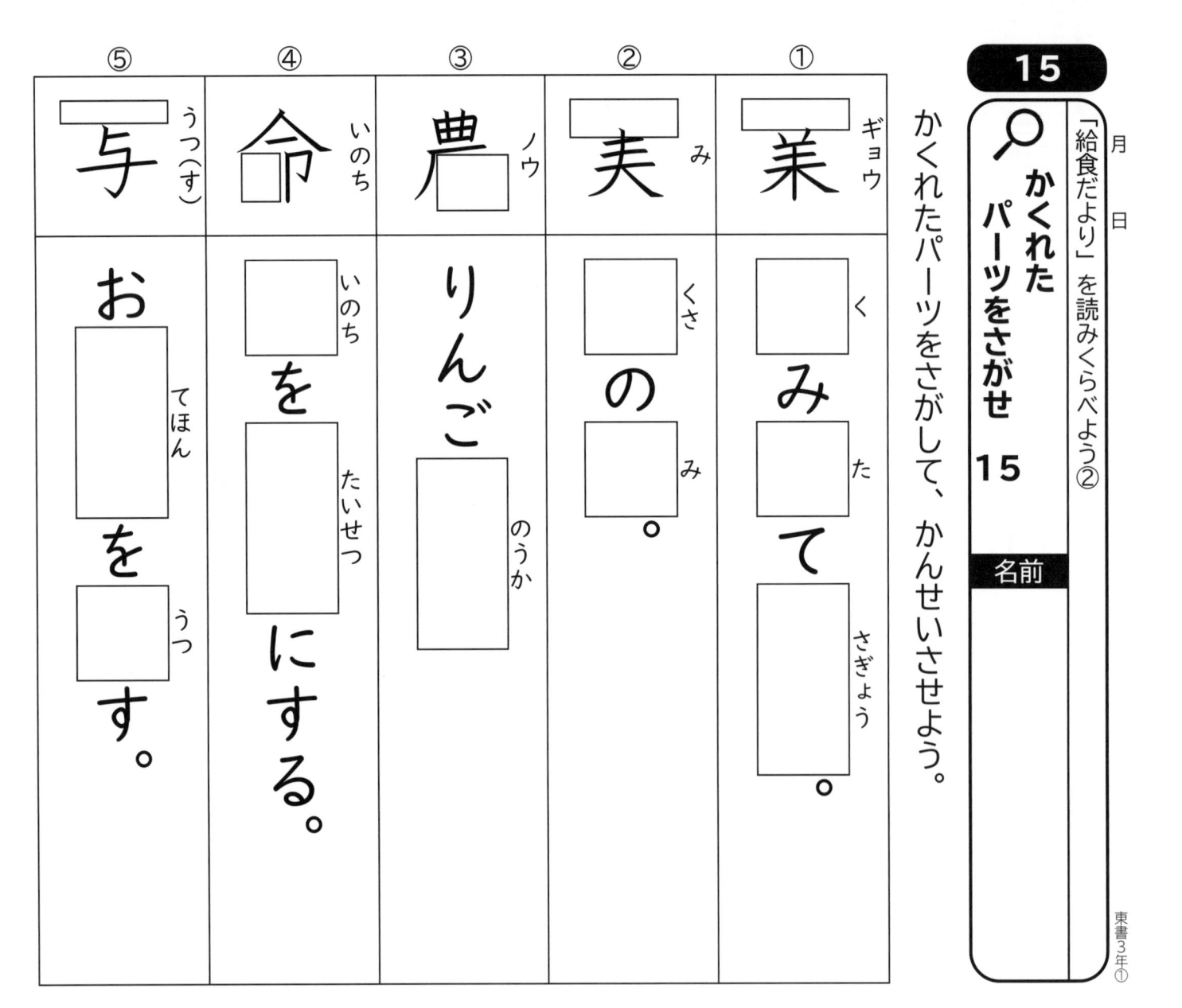

16

月　日

すいせんのラッパ①

かん字足し算 1

名前

かん字の足し算をしよう。

① 艹 ＋ 世 ＋ 木 ＝

② 走 ＋ 己 ＝

③ 東 ＋ 辶 ＝

④ 丆 ＋ 冂 ＋ 月 ＋ 一 ＝

⑤ ノ ＋ 冂 ＋ 口 ＝

⑥ 糸 ＋ ヨ ＋ 氺 ＝

⑦ 咸 ＋ 心 ＝

⑧ 一 ＋ 口 ＋ 丷 ＝

＊答えのかん字でことばを作ろう。

東書3年②

17

月　日

すいせんのラッパ②／かん字をつかおう1①

かん字足し算 2

名前

かん字の足し算をしよう。

＊答えのかん字でことばを作ろう。

① 牛＋勿＝□

② 木＋ッ＋三＋水＝□

③ イ＋士＝□

④ 糸＋東＝□

⑤ 羽＋白＝□

⑥ リ＋リ＋リ＝□

⑦ 冂＋大＝□

⑧ 木＋廾＋由＋八＝□

18

月　日

＋かん字足し算　3

かん字をつかおう　1②／図書かんへ行こう／国語じてんのつかい方①

東書3年②

名前

かん字の足し算をしよう。

＊答えのかん字でことばを作ろう。

① 亻＋立＋口＝□→□

② 食＋宀＋㠯＝□→□

③ 一＋口＋彐＋亅＝□→□

④ 口＋一＋㇉＝□→□

⑤ 亻＋一＋口＋乂＝□→□

⑥ 立＋日＋心＝□→□

⑦ 口＋未＝□→□

⑧ 氵＋艹＋口＋夫＝□→□

19

月　日

国語じてんの使い方②／メモをとりながら話を聞こう

✚かん字足し算　4

名前

かん字の足し算をしよう。

① 圭＋八＝□↓↓↓↓□

② 言＋冂＋土＋口＝□↓□

③ 木＋丶＋王＝□↓↓↓□

④ 戸＋斤＝□↓↓↓↓□

⑤ 耳＋又＝□↓↓↓↓□

⑥ 尸＋勹＋口＝□↓↓↓□

⑦ 酉＋己＝□↓↓↓↓□

⑧ 亻＋丶＋王＝□↓↓↓□

＊答えのかん字でことばを作ろう。

東書3年②

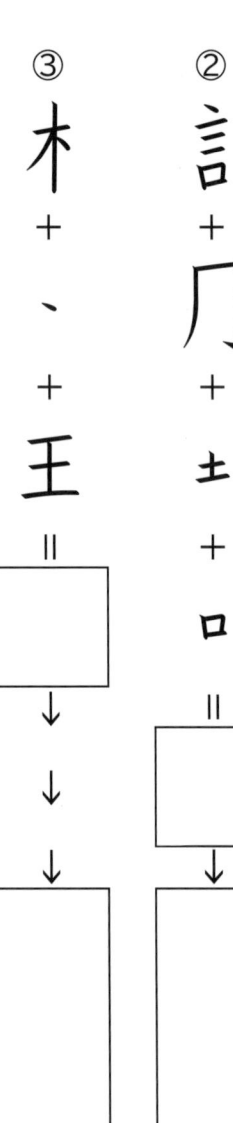

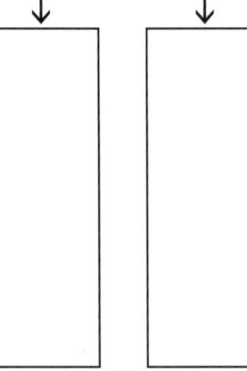

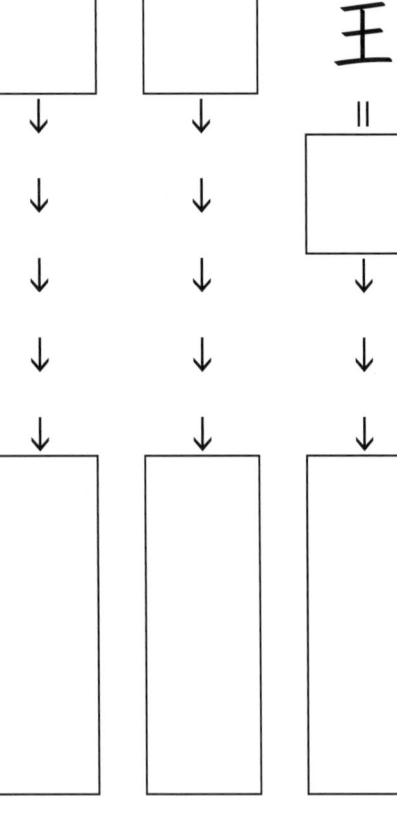

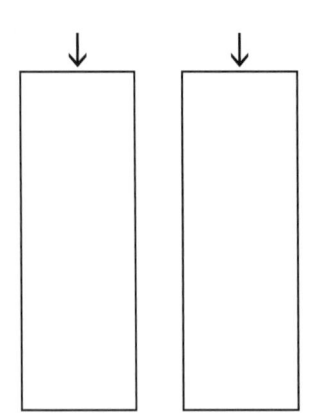

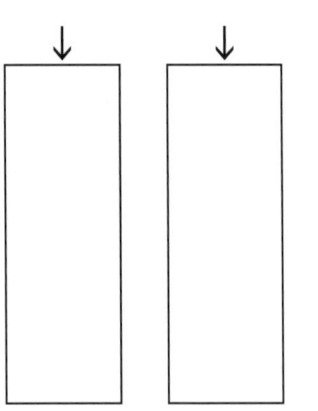

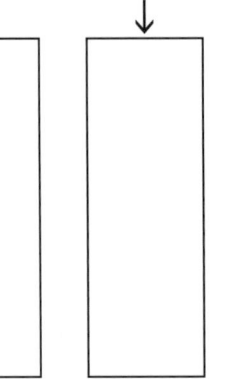

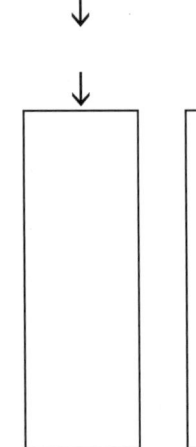

20

＋かん字足し算　5

自然のかくし絵①

月　日

名前

かん字の足し算をしよう。

＊答えのかん字でことばを作ろう。

①　丿＋月＋丿＝□→→→→□

②　亠＋厶＋月＝□→→→→□

③　宀＋寸＝□→→→→→□

④　氵＋ユ＋人＝□→→→→□

⑤　重＋力＝□→→→→→□

⑥　扌＋土＋寸＝□→→→→□

⑦　門＋口＝□→→→→→□

⑧　日＋疋＋頁＝□→→→→□

21

月　日

✚かん字足し算　6

自然のかくし絵②／漢字を使おう　2①

名前

かん字の足し算をしよう。

＊答えのかん字でことばを作ろう。

① 立 ＋ 口 ＋ 阝 ＝ □ ↓ ↓ ↓ □

② ⺮ ＋ ⺕ ＋ 二 ＋ 丨 ＝ □ ↓ □

③ 土 ＋ ノ ＋ 日 ＝ □ ↓ ↓ ↓ □

④ 土 ＋ ノ ＋ 日 ＋ 阝 ＝ □ ↓ □

⑤ 亅 ＋ 丶 ＋ 八 ＝ □ ↓ ↓ ↓ □

⑥ 氵 ＋ 丶 ＋ 氷 ＝ □ ↓ ↓ ↓ □

⑦ ノ ＋ 一 ＋ 月 ＝ □ ↓ ↓ ↓ □

⑧ 厂 ＋ 又 ＋ 辶 ＝ □ ↓ ↓ ↓ □

漢字を使おう 2②／ぜん体と中心／「わたし」の説明文を書こう①

月　日

✚かん字足し算 7

名前

かん字の足し算をしよう。

＊答えのかん字でことばを作ろう。

① 方 ＋ 𠂉 ＋ 子 ＋ 辶 ＝ □ ↓ □

② 門 ＋ 开 ＝ □ ↓ ↓ ↓ ↓ □

③ 𠆢 ＋ 王 ＝ □ ↓ ↓ ↓ ↓ □

④ 女 ＋ 厶 ＋ 口 ＝ □ ↓ ↓ ↓ □

⑤ 亻 ＋ 丿 ＋ 糸 ＝ □ ↓ ↓ ↓ □

⑥ 一 ＋ 凵 ＋ L ＝ □ ↓ ↓ ↓ □

⑦ 糸 ＋ 夂 ＋ ⺀ ＝ □ ↓ ↓ ↓ □

⑧ 艹 ＋ 十 ＋ 口 ＝ □ ↓ ↓ ↓ □

東書3年②

23

＋かん字足し算 8

「わたし」の説明文を書こう②／漢字の表す意味①

月　日

名前

東書3年②

かん字の足し算をしよう。

＊答えのかん字でことばを作ろう。

① 方 ＋ 𠂉 ＋ 矢 ＝ □ → → → □

② 立 ＋ 日 ＋ 十 ＝ □ → → → □

③ 巾 ＋ 一 ＋ 一 ＝ □ → → → □

④ 木 ＋ 厂 ＋ 又 ＝ □ → → → □

⑤ 口 ＋ 口 ＋ 口 ＝ □ → → → □

⑥ 皿 ＋ 一 ＝ □ → → → → □

⑦ 禾 ＋ 女 ＝ □ → → → → □

⑧ 口 ＋ 目 ＋ 八 ＝ □ → → → □

24

漢字の表す意味②／ワニのおじいさんのたから物①

月　日

＋かん字足し算 9

名前

かん字の足し算をしよう。

＊答えのかん字でことばを作ろう。

① 癶 ＋ 二 ＋ 儿 ＝ □ → → → □

② 𠂤 ＋ 乛 ＋ 山 ＝ □ → → → □

③ 宀 ＋ 井 ＋ 八 ＋ 丷 ＝ □ → □

④ 木 ＋ 目 ＝ □ → → → → □

⑤ 一 ＋ 夕 ＋ 匕 ＝ □ → → → □

⑥ ヨ ＋ ノ ＋ 口 ＝ □ → → → □

⑦ 宀 ＋ 女 ＝ □ → → → → □

⑧ 𠂊 ＋ ヨ ＋ 心 ＝ □ → → → □

東書3年②

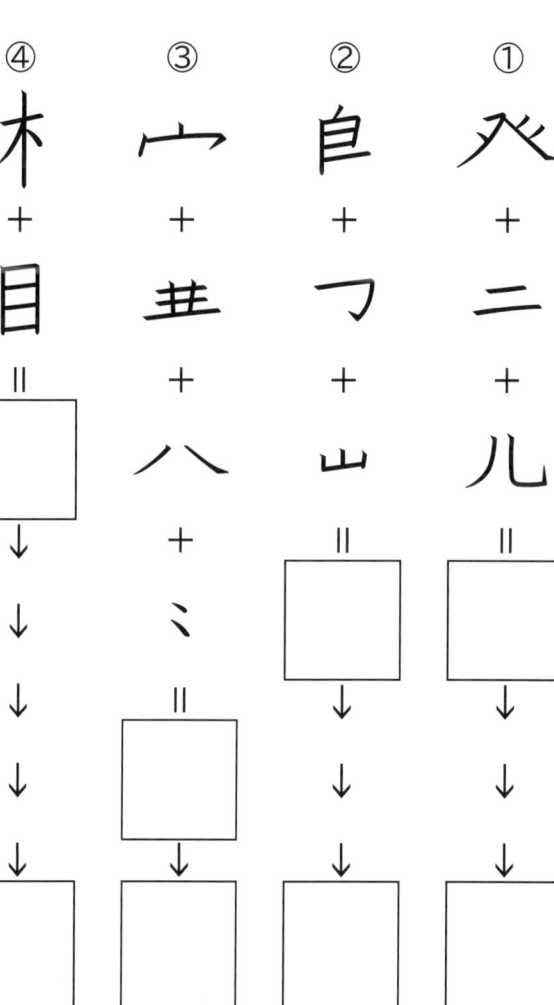

25

＋かん字足し算 10

ワニのおじいさんのたから物②～心が動いたことをしで表そう

月　日

名前

かん字の足し算をしよう。

＊答えのかん字でことばを作ろう。

① 木＋呑＋冂＋口＋口＝□→□

② 癶＋一＋口＋丷＝□→□

③ ノ＋皿＝□→□

④ 日＋丨＝□→□

⑤ 冂＋士＝□→□

⑥ 木＋目＋心＝□→□

⑦ 言＋土＋寸＝□→□

⑧ 隹＋木＝□→□

月　日

26 ＋かん字足し算 11

「給食だより」を読みくらべよう

名前

東書3年②

かん字の足し算をしよう。

*答えのかん字でことばを作ろう。

① 冫＋欠＝□ ↓ ↓ ↓ ↓ □

② 日＋耂＋日＝□ ↓ ↓ ↓ □

③ 业＋䒑＋木＝□ ↓ ↓ ↓ □

④ 宀＋三＋人＝□ ↓ ↓ ↓ □

⑤ 曲＋厂＋𧘇＝□ ↓ ↓ ↓ □

⑥ 人＋一＋口＋卩＝□ ↓ □

⑦ 冖＋丂＋一＝□ ↓ ↓ ↓ □

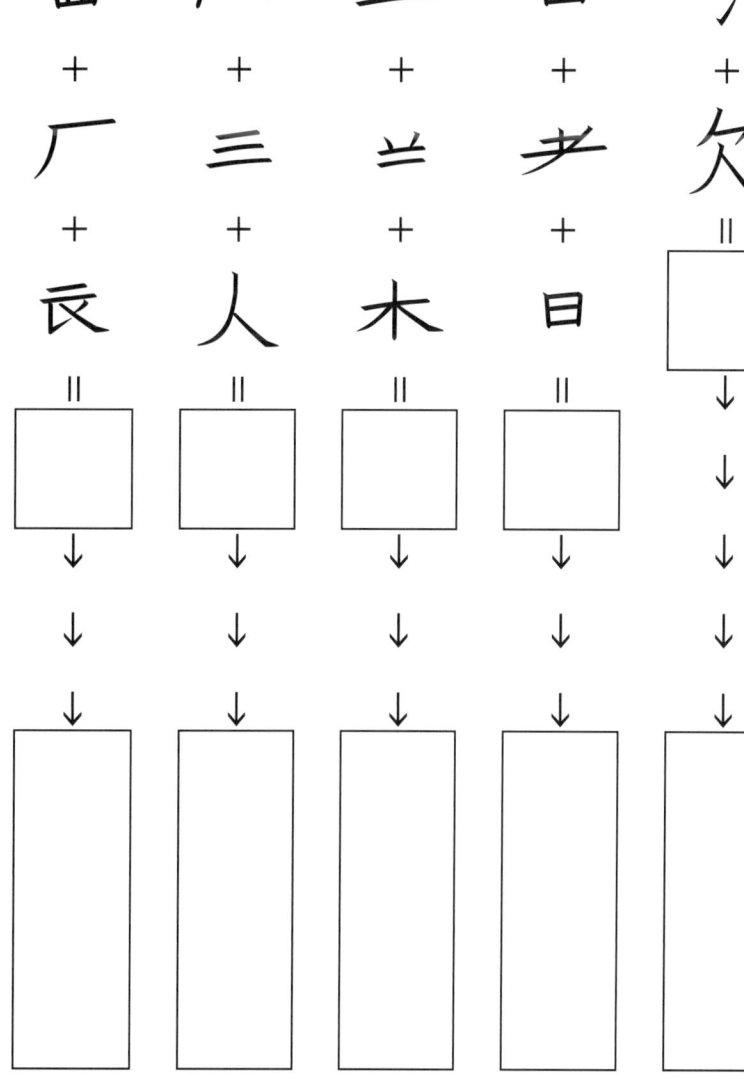

27

月　日

すいせんのラッパ

足りないのはどこ（形をよく見て）1

名前

足りないところを見つけて、正しく書こう。

① 言《こと》葉《ば》 →

② 早《はや》起《お》き →

③ 時《じ》速《そく》 →

④ 場《ば》面《めん》 →

⑤ 方《ほう》向《こう》 →

⑥ 緑《りょく》茶《ちゃ》 →

⑦ 感《かん》心《しん》 →

⑧ 黒《くろ》豆《まめ》 →

⑨ 人《じん》物《ぶつ》 →

⑩ 王《おう》様《さま》 →

⑪ 仕《し》組《く》み →

月　日

かんじをつかおう　1／図書かんへ行こう／国語じてんのつかい方①

28

足りないのはどこ（形をよく見て）2

名前

足りないところを見つけて、正しく書こう。

① 練《れん》習《しゅう》 ↓ □

② 木《ほん》川《しゅう》 ↓ □

③ 口《ちゅう》央《おう》 ↓ □

④ 横《よこ》顔《がお》 ↓ □

⑤ 丨《じゅう》信《ばい》 ↓ □

⑥ 古《ふる》い館《やかた》 ↓ □

⑦ 二《こう》事《じ》 ↓ □

⑧ 記《き》号《ごう》 ↓ □

⑨ 大《てん》使《し》 ↓ □

⑩ 意《い》味《み》 ↓ □

⑪ 漢《かん》字《じ》 ↓ □

⑫ 表《ひょう》紙《し》 ↓ □

東書3年③

月　日

29

国語じてんの使い方②／メモをとりながら話を聞こう／し然のかくし絵①

足りないのはどこ（形をよく見て）3

名前

足りないところを見つけて、正しく書こう。

① 調《ちょう》理《り》 → □

② 電《でん》柾《ちゅう》 → □

③ 台《だい》所《どころ》 → □

④ 先《せん》取《しゅ》点《てん》 → □

⑤ 局《きょく》長《ちょう》 → □

⑥ 心《しん》配《ぱい》 → □

⑦ 任《じゅう》ノ《にん》 → □

⑧ 口《なか》身《み》 → □

⑨ 休《たい》育《いく》 → □

⑩ 守《まも》る → □

⑪ 決《けっ》心《しん》 → □

⑫ 目《じ》動《どう》車《しゃ》 → □

東書3年③

30

月　　日

足りないのはどこ（形をよく見て）4

名前

足りないところを見つけて、正しく書こう。

① 気《き》持《も》ち →

② 問《もん》題《だい》 →

③ 部《ぶ》分《ぶん》 →

④ 筆《ひっ》者《しゃ》 →

⑤ 都《と》会《かい》 →

⑥ 氷《こおり》水《みず》 →

⑦ 水《すい》泳《えい》 →

⑧ 有《ゆう》名《めい》 →

⑨ 返《へん》金《きん》 →

⑩ 遊《ゆう》園《えん》地《ち》 →

⑪ 開《かい》校《こう》 →

⑫ 全《ぜん》体《たい》 →

31

月　日

「わたし」の説明ぶんをかこう／漢字の表す意味①

足りないのはどこ（形をよく見て）5

名前

足りないところを見つけて、正しく書こう。

① 年《ねん》如《し》

② 図《と》書《しょ》係《かかり》

③ 世《せ》詁《わ》

④ 終《しゅう》点《てん》

⑤ 苦《にが》手《て》

⑥ 家《か》族《ぞく》

⑦ 又《ぶん》章《しょう》

⑧ 曰《きょく》線《せん》

⑨ 黒《こく》杈《ばん》

⑩ 作《さく》品《ひん》

⑪ 人《おお》皿《ざら》

⑫ 委《い》員《いん》

東書3年③

32

漢字の表す意味②／ワニのおじいさんのたから物／漢字を使おう　3①

月　日

足りないのはどこ（形をよく見て）6

名前

足りないところを見つけて、正しく書こう。

① 発《はっ》車《しゃ》→ □

② 半《はん》島《とう》→ □

③ 寒《さむ》空《ぞら》→ □

④ 手《て》和《そう》→ □

⑤ 主《せい》死《し》→ □

⑥ 君《きみ》たち → □

⑦ 安《あん》全《ぜん》→ □

⑧ 急《きゅう》月《よう》→ □

⑨ 石《いし》橋《ばし》→ □

⑩ 登《とう》場《じょう》→ □

⑪ 血《けつ》えき → □

⑫ 日《もう》し出《で》→ □

33

月　日

漢字を使おう　3②～「給食だより」を読みくらべよう

足りないのはどこ（形をよく見て）7

名前

足りないところを見つけて、正しく書こう。

①　埋《り》日《ゆう》　↓　□

②　埋《り》息《そう》　↓　□

③　竹《さく》詩《し》　↓　□

④　集《しゅう》口《ちゅう》　↓　□

⑤　次《じ》口《かい》　↓　□

⑥　暑《あつ》い　↓　□

⑦　二《こう》業《ぎょう》　↓　□

⑧　実《みの》る　↓　□

⑨　農《のう》家《か》　↓　□

⑩　主《せい》合《めい》　↓　□

⑪　書《しょ》写《しゃ》　↓　□

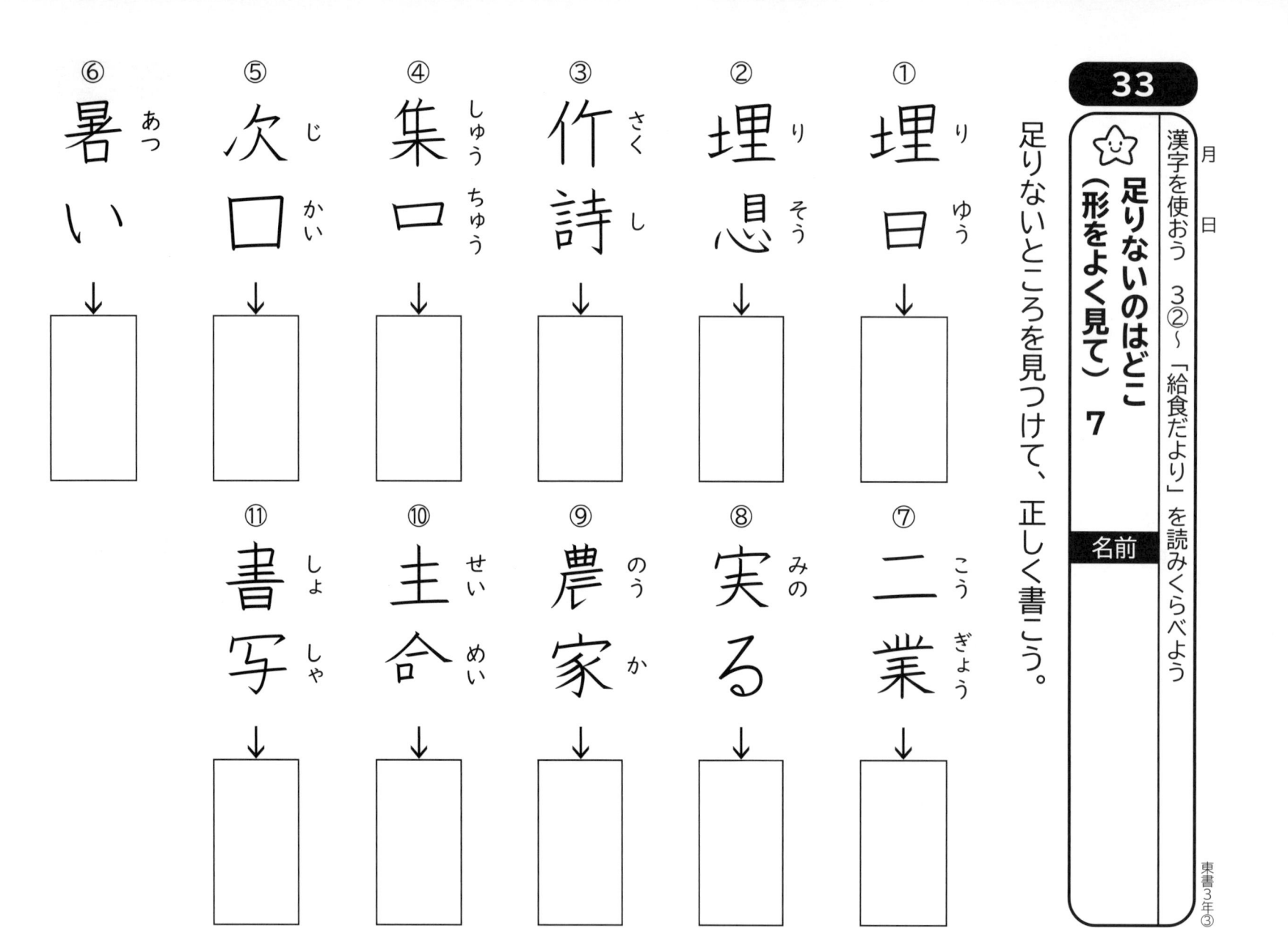

34

月　日

すいせんのラッパ①

かん字を入れよう　1

名前

東書3年④

文を読んで、ぴったりのかん字を入れよう。

①秋になると、木の□が、赤や黄色に色づく。

②今日は遠足なので、早□きをした。

③新かん線は、スピードが□くてべんりだ。

④ありは、地□の下に、すを作る。

⑤左を見てから、右を□いてください。

⑥秋には、□色の山が、赤や黄色に色づきます。

⑦本を読んで、□そう文を書く。

⑧「おには外、ふくは内。」と、□まきをする。

ヒント　緑　豆　感　向　速　葉　面　起

35

かん字を入れよう　2

すいせんのラッパ②／かん字をつかおう　1①

名前

文を読んで、ぴったりのかん字を入れよう。

①かなしい□語を読んで、なみだが出た。

②どろぼうが、あたりの□子をうかがう。

③工作の、さい後の□上げをする。

④一りん車の□しゅうをしていて、ころんだ。

⑤新しいかん字を、二つ□いました。

⑥台風は、九□地方に、よく上りくする。

⑦ステージのちょうど中□に立つ。

⑧つかれたので、ベッドで□になる。

ヒント　仕　央　物　練　州　横　様　習

36

かん字を入れよう 3

かん字をつかおう 1②／図書かんへ行こう／国語じてんのつかい方①

月　日

名前

東書3年④

文を読んで、ぴったりのかん字を入れよう。

①このひもは、こちらの二□の長さがある。

②休みの日に、図書□で本をかりる。

③この先で、道ろ工□をしている。

④家の電わ番□をわすれてしまった。

⑤「星空」ということばを□って、文を書く。

⑥大そうじは、□外にたいへんだった。

⑦お母さんが、りょう理の□をみる。

⑧きのうの□字テストは、百点だった。

ヒント　味　館　倍　事　号　意　使　漢

月　日

国語じてんの使い方②／メモをとりながら話を聞こう

37

かん字を入れよう 4

名前

文を読んで、ぴったりのかん字を入れよう。

①紙のうらと□に、ちがう絵をかく。

②日曜日の天気を□べてみよう。

③車が電□にぶつかって、止まった。

④そこは、けしきがきれいな場□だった。

⑤かばんから、本を□り出して見せた。

⑥はがきを買いに、ゆうびん□に行く。

⑦遠足のしおりが、みんなに□られた。

⑧おじいさんは、古い家に□んでいます。

ヒント　柱　住　取　調　表　配　所　局

東書3年④

月　日

自然のかくし絵①

かん字を入れよう 5

名前

文を読んで、ぴったりのかん字を入れよう。

① ほけん室で、□長と体じゅうを計った。

② 家で、かわいい子犬を□てている。

③ かならず、やくそくを□ってください。

④ せきがえをして、新しいせきを□めた。

⑤ しん号がかわって、車が□き出した。

⑥ りょう手に、大きなかばんを□って歩く。

⑦ もんだいの、□いに答えましょう。

⑧ 作文のはじめには、まず□名を書く。

ヒント　題　決　育　問　身　動　守　持

月　日

自然のかくし絵②／漢字を使おう　2①

かん字を入れよう　6

名前

文を読んで、ぴったりのかん字を入れよう。

①中学校のクラブは、サッカー□に入りたい。

②えんぴつを三本、□ばこに入れる。

③あの子は、クラスの人気□です。

④ならや、京□には、古いお寺が多い。

⑤夏に食べるかき□は、つめたくておいしい。

⑥水そうで、ジンベイザメが□いでいる。

⑦あの人は、とても□名な人だ。

⑧友だちに、かりたおもちゃを□した。

ヒント　返　有　部　氷　者　筆　都　泳

東書3年④

かん字を入れよう 7

月　日

名前

東書3年④

文を読んで、ぴったりのかん字を入れよう。

①ぼくは、きのう、公園で□びました。

②エレベーターのドアが□きました。

③この町のことを□く知りません。

④今日から、新しいアニメが□まる。

⑤本がすきなので、図書□になりたい。

⑥かっている犬の□話を、毎日する。

⑦一週間かかって、本を読み□えた。

⑧いっしょうけんめい走って、いきが□しい。

ヒント　始　世　苦　遊　開　終　係　全

かん字を入れよう　8

名前

文を読んで、ぴったりのかん字を入れよう。

①ぼくの家は、五人家□です。

②読む人に、分かりやすい文□を書く。

③道が□がっているので、ハンドルを切った。

④先生が、チョークで、黒□に字を書く。

⑤トランプで、手□をやって見せる。

⑥夕食の後、かたづけの□あらいをした。

⑦兄は、ほうそう□いんをしている。

⑧あのレストランの店□は、とても親切だ。

ヒント　板　委　皿　品　員　章　曲　族

月　日

かん字を入れよう 9

名前

文を読んで、ぴったりのかん字を入れよう。

① 時間がきて、電車が□車します。

② とうとう、たから□の地図を手に入れた。

③ 北国の冬の朝は、とても□い。

④ おばあさんの話し□手になる。

⑤ クラスでかっていたメダカが□んでしまった。

⑥ ぼくが終わって、つぎは□の番です。

⑦ あの店は、ねだんが□くておいしい。

⑧ おくれそうなので、□いで学校に行く。

ヒント　島　死　寒　安　急　発　相　君

月　日

43

かん字を入れよう　10

ワニのおじいさんのたから物②～心が動いたことをしで表そう

名前

文を読んで、ぴったりのかん字を入れよう。

①川には、古いつり□がかかっている。

②サルが、高い木に□っている。

③ころんで、足にけがをして、□が出た。

④スポーツクラブへ、入会を□しこむ。

⑤すきな色で、自□にかきましょう。

⑥みらいの世かいを、空□して、絵をかく。

⑦有名な人の□を、ろう読する。

⑧たくさんの人が公園に□まっています。

ヒント　詩　血　申　想　登　橋　集　由

月　日

「給食だより」を読みくらべよう

かん字を入れよう 11

名前

文を読んで、ぴったりのかん字を入れよう。

① のりおくれたので、□の電車をまちました。

② 今年の夏は、とても□くなりそうだ。

③ ロボットが、組み立ての作□をする。

④ 秋になると、木の□がたくさんなる。

⑤ お米を作る□家の人の話を聞く。

⑥ 今日、新しい□が生まれました。

⑦ お手本を、ていねいに□しましょう。

ヒント　業　命　暑　次　実　写　農

2 学期

かくれたパーツをさがせ 16

慣用句を使おう／グループの合い言葉を決めよう①

月　日

名前

かくれたパーツをさがして、かんせいさせよう。

① 且□《ジョ》
□《じょげん》をうける。

② □落《お（とす）》
□《かわ》に□《いし》を□《お》とす。

③ 辶□《すす（む）》
□《すこ》し□《まえ》へ□《すす》む。

④ □殳《ヤク》
□《あと》で□《やくだ》つ。

⑤ □貝《ま（ける）》
□《つよ》い□《ひと》が□《ま》ける。

⑥ □券《か（つ）》
□《よわ》い□《ひと》が□《か》つ。

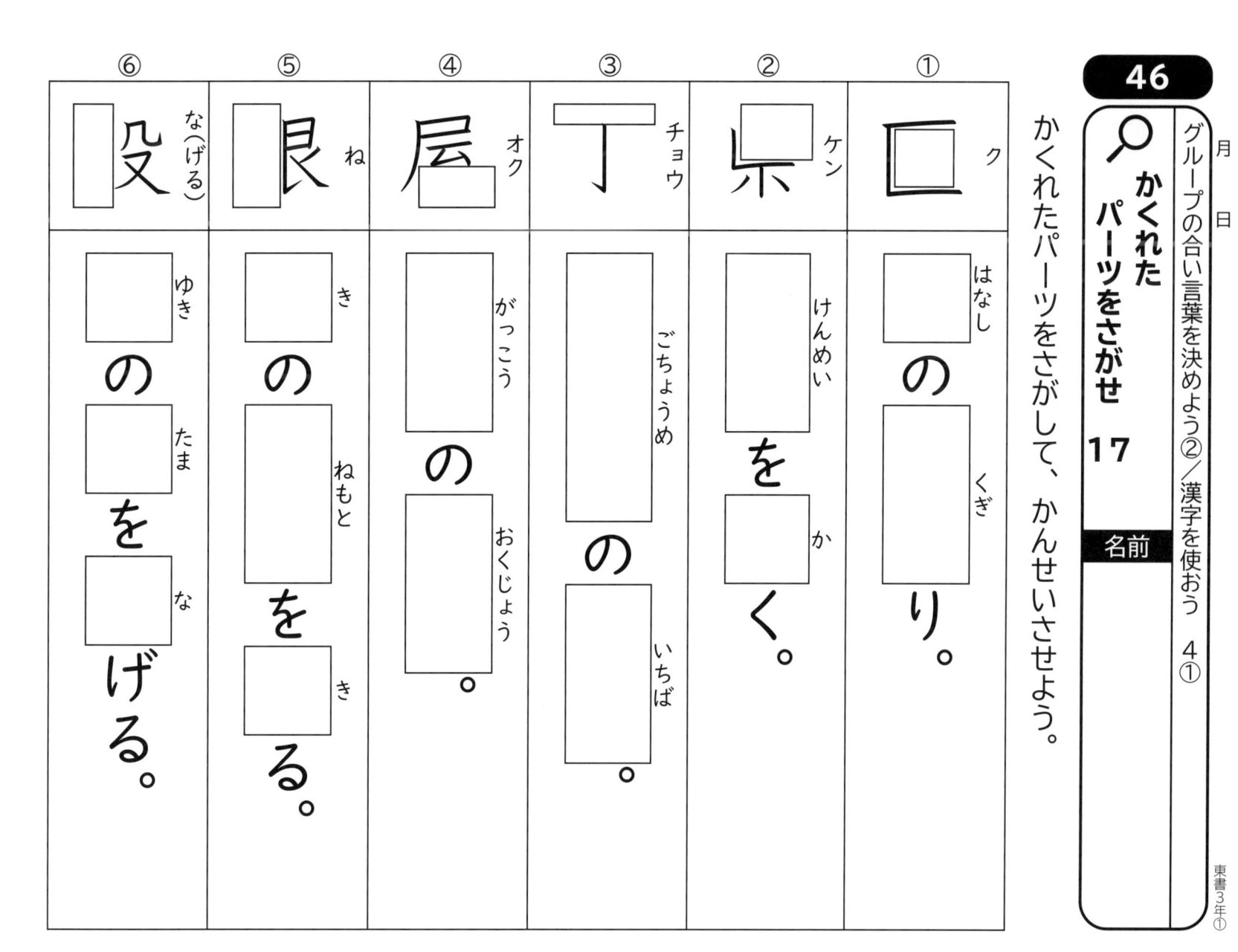

月　日

かくれたパーツをさがせ 17

グループの合い言葉を決めよう②／漢字を使おう 4①

名前

かくれたパーツをさがして、かんせいさせよう。

① □《ク》

□《はなし》の□《くぎ》り。

② □《ケン》

□《けんめい》を□《か》く。

③ □《チョウ》

□《ごちょうめ》の□《いちば》。

④ □《オク》

□《がっこう》の□《おくじょう》。

⑤ □《ね》

□《き》の□《ねもと》を□《き》る。

⑥ □《な(げる)》

□《ゆき》の□《たま》を□《な》げる。

47

月　日

かくれたパーツをさがせ 18

漢字を使おう　4②～サーカスのライオン①

名前

かくれたパーツをさがして、かんせいさせよう。

① □求　キュウ

□《ちきゅうじょう》の□《くに》。

② □丁　う（つ）

□《う》ち□《あ》げ□《はなび》。

③ □王　シュ

お□《はなし》の□《しゅじんこう》。

④ イ□　カ

□《ぶんか》の□《ひ》。

⑤ □失　テツ

□《ち》か□《てつ》の□《い》り□《ぐち》。

⑥ 直□　ま

□《まよなか》の□《こうえん》。

東書3年①

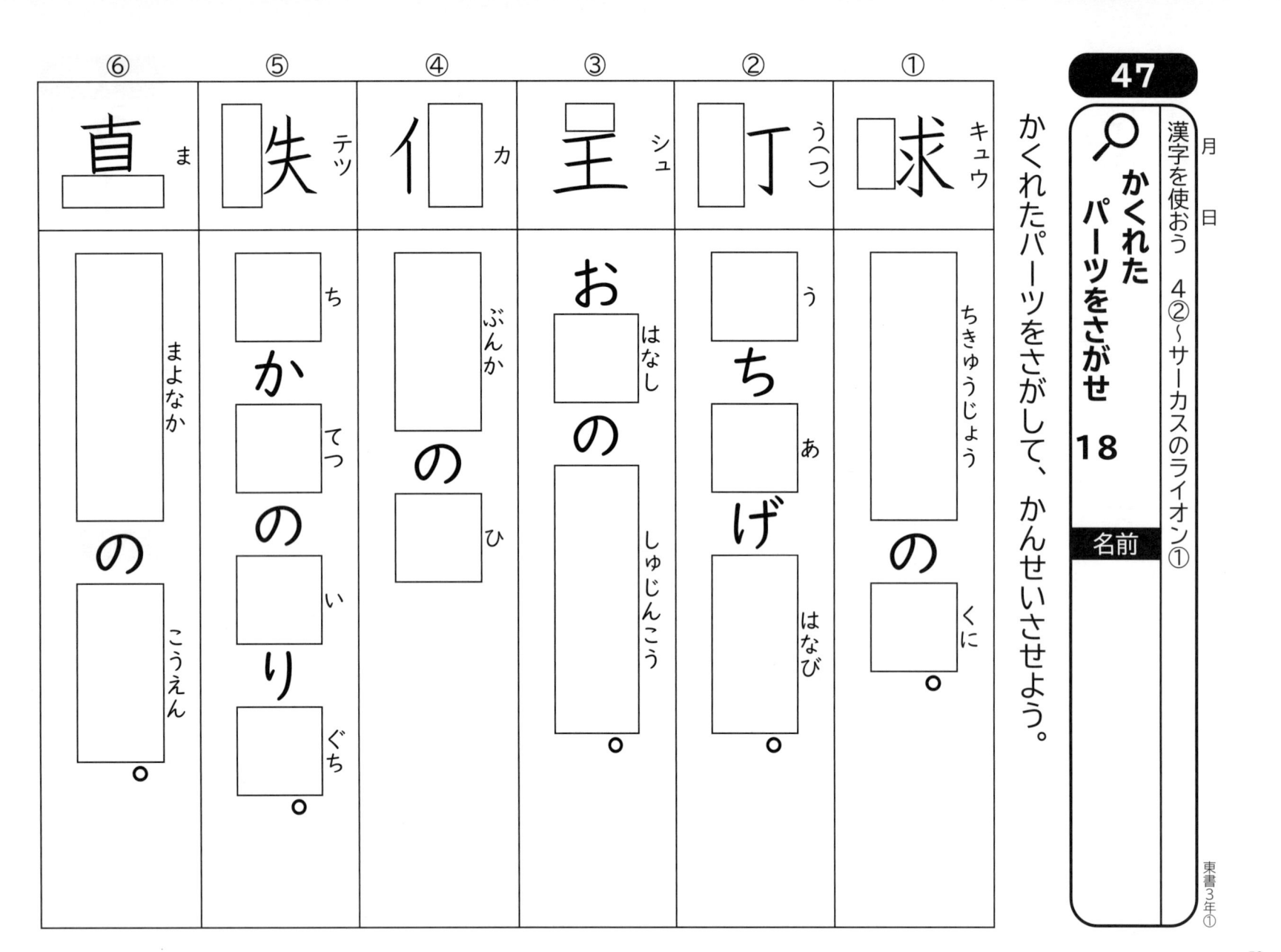

かくれたパーツをさがせ 19

サーカスのライオン②

月　日

名前

かくれたパーツをさがして、かんせいさせよう。

① □各　キャク

□《きゃくしつ》のそうじ。

② □看　き(る)

□《うわぎ》を□《き》る。

③ □送　おく(る)

□《とも》だちを□《おく》る。

④ □完　イン

けがで□《にゅういん》する。

⑤ □皮　かわ

□《けがわ》を□《か》う。

⑥ □受　う(ける)

□《ゆき》を□《て》で□《う》ける。

49

かくれたパーツをさがせ 20

サーカスのライオン③／漢字を使おう 5

月　日

名前

かくれたパーツをさがして、かんせいさせよう。

① □肖　き(える)

□《ひ》が□《き》える。

② □何　に

□《にぐるま》で□《はこ》ぶ。

③ 辶□　ウン・はこ(ぶ)

□《うん》を□《はこ》ぶ□《とり》。

④ □昜　ヨウ

□《たいよう》の□《ひかり》。

⑤ □各　ロ

□《でんしゃ》の□《せんろ》。

50

月　日

せっちゃくざいの今とむかし①

かくれたパーツをさがせ 21

名前

かくれたパーツをさがして、かんせいさせよう。

①	②	③	④	⑤	⑥
 むかし	 フク	 リョウ	 かる（い）	 グ	 あたた（かい）
□《むかしばなし》を□《き》く。	□《あか》い□《いろ》の□《ふく》。	□《りょうて》を□《ひろ》げる。	□《かる》い□《はね》がとぶ。	□《かぐ》を□《か》う。	□《あたた》かい□《た》べ□《もの》。

東書3年①

月　日

51 かくれたパーツをさがせ 22

名前

せっちゃくざいの今と昔②／道具のひみつをつたえよう／こそあど言葉①

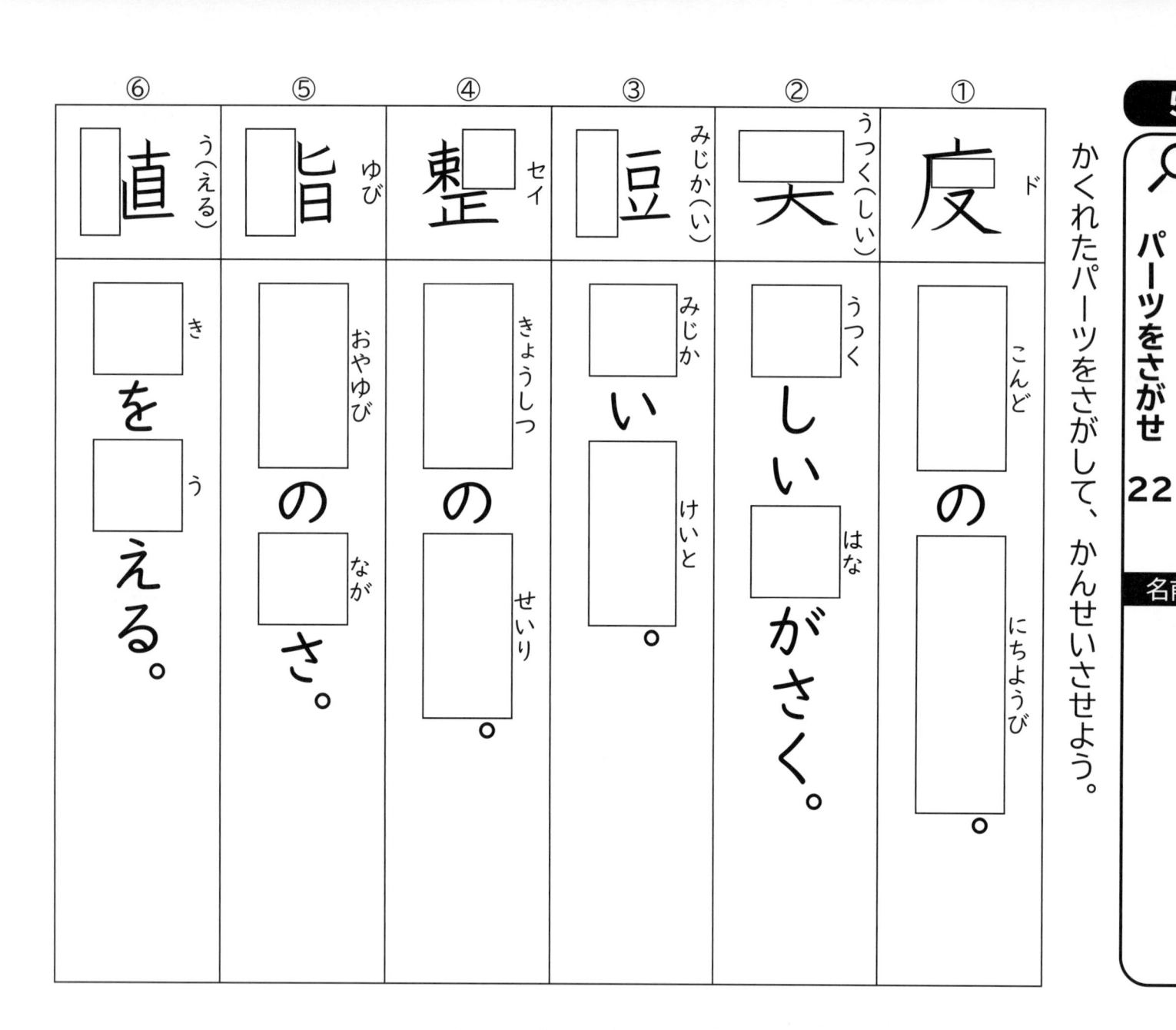

かくれたパーツをさがして、かんせいさせよう。

① □《ド》

□《こんど》の□《にちようび》。

② □《うつく(しい)》

□《うつく》しい□《はな》がさく。

③ □《みじか(い)》

□《みじか》い□《けいと》。

④ □《セイ》

□《きょうしつ》の□《せいり》。

⑤ □《ゆび》

□《おやゆび》の□《なが》さ。

⑥ □《う(える)》

□《き》を□《う》える。

52

こそあど言葉②／話したいな、すきな時間／漢字の読み方①

月　日

かくれたパーツをさがせ 23

名前

かくれたパーツをさがして、かんせいさせよう。

① □开（ケン）
□《りか》の□《けんきゅう》。

② □九（キュウ）
□《むし》の□《けんきゅう》。

③ □罙（ふか(める)）
□《かんが》えを□《ふか》める。

④ □弋（か(える)）
せん□《しゅ》を□《か》える。

⑤ □東（の(る)）
□《でんしゃ》に□《の》る。

⑥ 飠□（の(む)）
□《みず》を□《の》む。

東書3年①

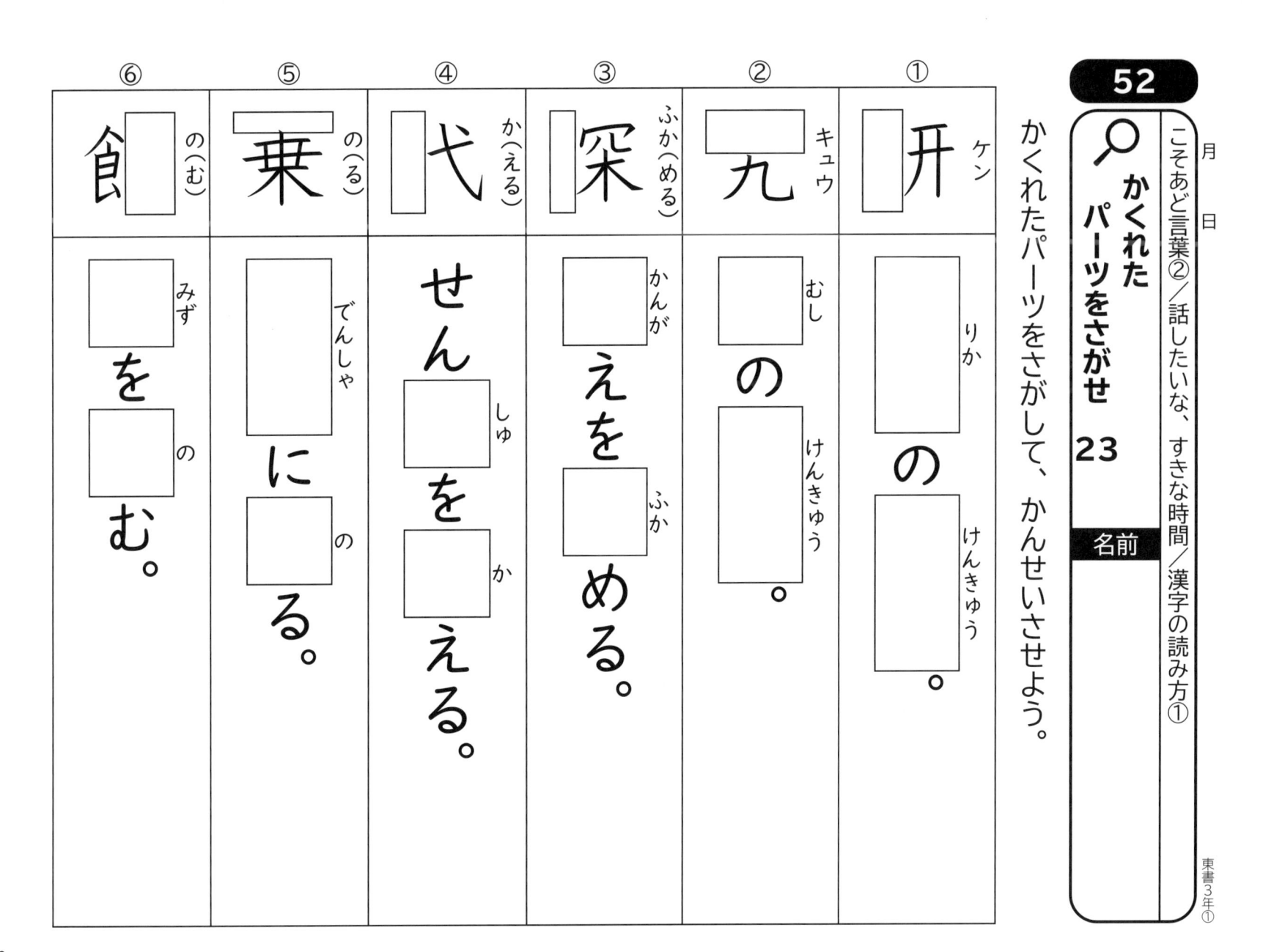

月　日

53 漢字の読み方②

かくれたパーツをさがせ 24

名前

かくれたパーツをさがして、かんせいさせよう。

① □㐬《なが(す)》
□《かわ》に□《なが》す。

② 屵□《タン》
□《くろ》い□□《せきたん》。

③ 平（□□）《たい(ら)》
□《みち》を□《たい》らにする。

④ □口《ワ》
□□《わしょく》のお□《みせ》。

⑤ □艮《ギン》
□□《ぎんこう》に□《い》く。

かくれたパーツをさがせ 25

モチモチの木①

月　日

名前

かくれたパーツをさがして、かんせいさせよう。

①　□昇《はな》
□《はなみず》が□《で》る。

②　□申《シン》
□《しんわ》を□《き》く。

③　□祭《まつ(り)》
□《じもと》の□《あきまつ》り。

④　□歯《は》
□《むしば》がいたい。

⑤　□医《イ》
□《いがく》をまなぶ。

⑥　□反《さか》
□《さかみち》を□《はし》り□《のぼ》る。

東書3年①

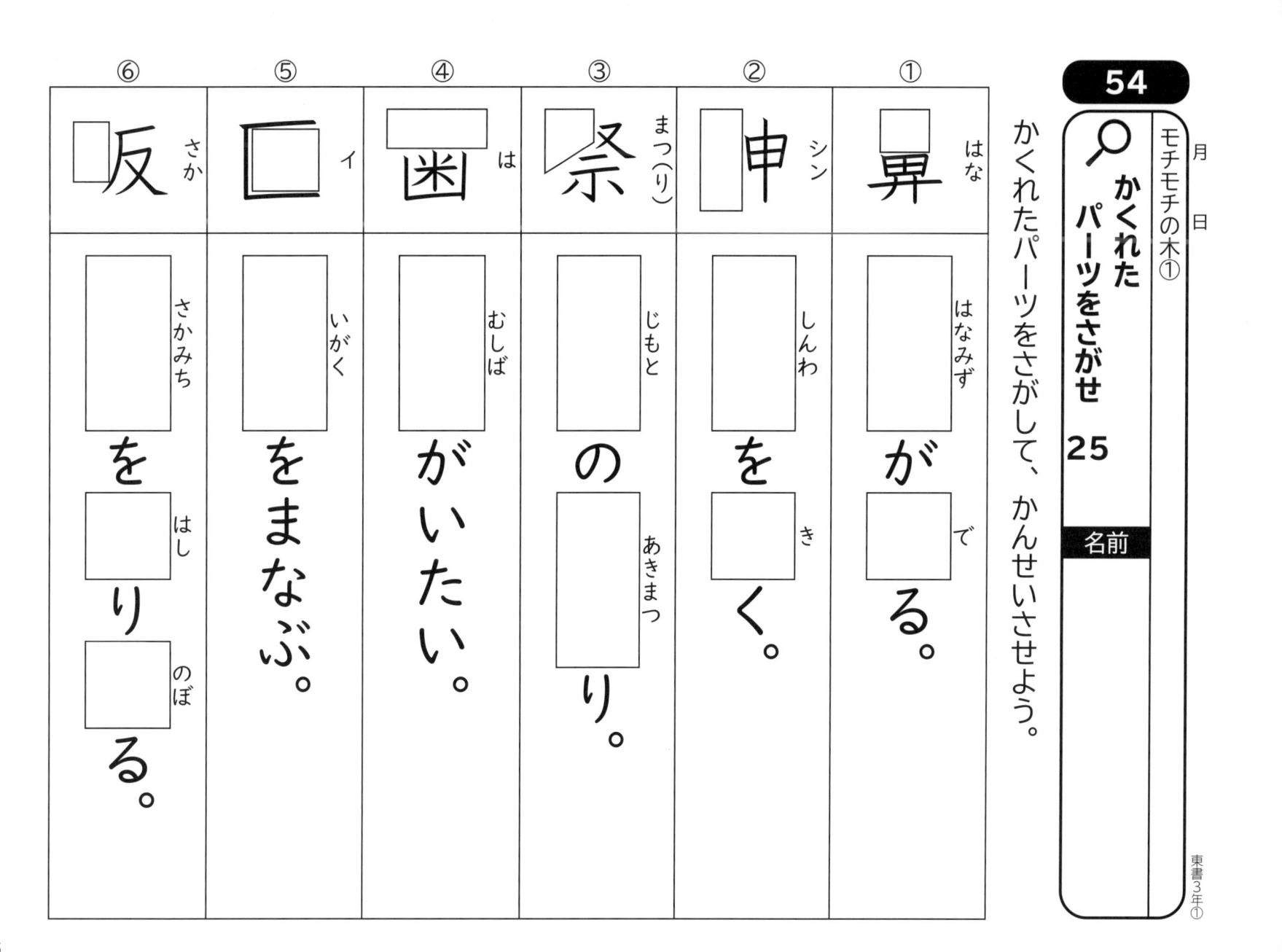

月　日

55

モチモチの木②

かくれたパーツをさがせ 26

名前

かくれたパーツをさがして、かんせいさせよう。

① □楽《くすり》

□《しろ》い□《いろ》の□《くすり》。

② □相《はこ》

□《はこ》に□《え》を□《い》れる。

③ □易《ゆ》

□《みず》をお□《ゆ》にする。

④ □也《ほか》

□《ほか》の□《ひと》の□《かんが》え。

⑤ 文□《タイ》

はん□《たい》の□《かんが》え。

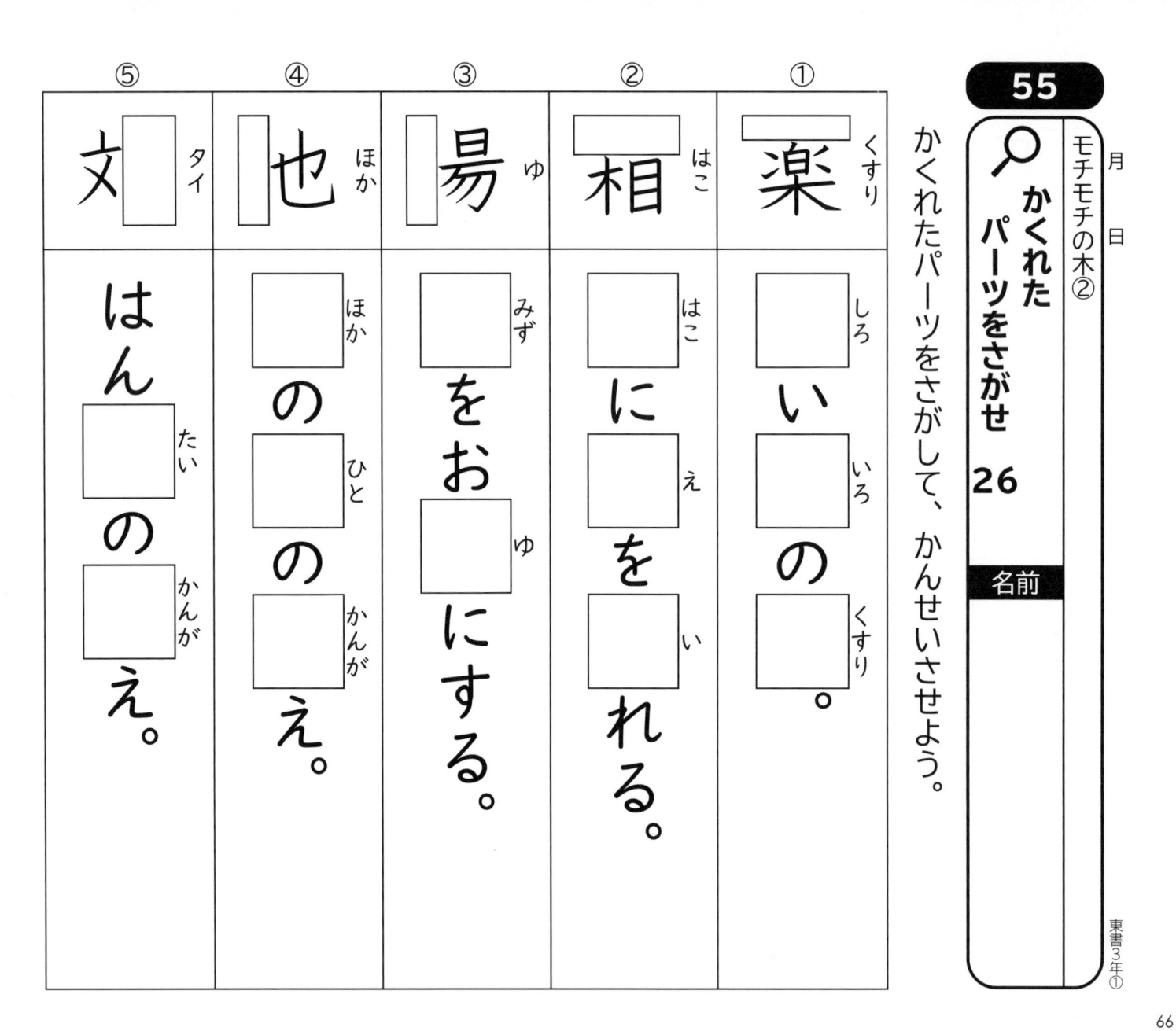

かくれたパーツをさがせ 27

名前

かくれたパーツをさがして、かんせいさせよう。

① □羊《ヨウ》
□《ようしょく》のお□《みせ》。

② □胡《みずうみ》
□《みずうみ》を□《ふね》で□《い》く。

③ 氵□《さけ》
□《こめ》から□《さけ》を□《つく》る。

④ □由《あぶら》
□《あぶらえ》をかく。

⑤ □合《ひろ(う)》
□《みち》のごみを□《ひろ》う。

⑥ □羊《ヨウ・ひつじ》
□《ひつじ》の□《け》は□《よう》もう。

月　日

いろいろなつたえ方／本から発見したことをつたえ合おう

57

かくれたパーツをさがせ 28

名前

かくれたパーツをさがして、かんせいさせよう。

①　□尺《エキ》
□《えきまえ》のお□《みせ》。

②　□巷《みなと》
□《みなとまち》の□《え》をかく。

③　□介《カイ》
□《ひろ》い□《せかい》。

④　其□《キ》
□《なが》い□《きかん》。

⑤　免□《ベン》
□《こくご》の□《べんきょう》。

東書3年①

58

漢字を使おう 7

月　日

かくれたパーツをさがせ 29

名前

かくれたパーツをさがして、かんせいさせよう。

① □及（キュウ）

□《がっきゅうえん》の□《はな》。

② □式（シキ）

□《おとうと》の□《にゅうがくしき》。

③ 歹□（レツ）

□《なが》い□《ぎょうれつ》。

④ 予□（ヨ）

□《よげん》が□《あ》たる。

⑤ □炎（ダン）

□《こうちょう》先生の□《だんわ》。

⑥ 厂□（そ(る)）

□《ゆみ》のように□《そ》る。

59

月　日

＋かん字足し算 12

慣用句を使おう／グループの合い言葉を決めよう

名前

かん字の足し算をしよう。

＊答えのかん字でことばを作ろう。

① 且 ＋ 力 ＝ □ ↓↓↓↓ □

② 艹 ＋ 氵 ＋ 夂 ＋ 口 ＝ □ ↓ □

③ 隹 ＋ 辶 ＝ □ ↓↓↓↓ □

④ 彳 ＋ 几 ＋ 又 ＝ □ ↓↓↓ □

⑤ ⺈ ＋ 目 ＋ 八 ＝ □ ↓↓↓ □

⑥ 月 ＋ 关 ＋ カ ＝ □ ↓↓↓ □

⑦ 一 ＋ 乂 ＋ 乚 ＝ □ ↓↓↓ □

東書3年②

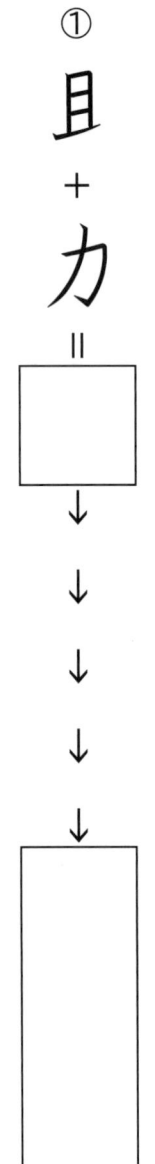

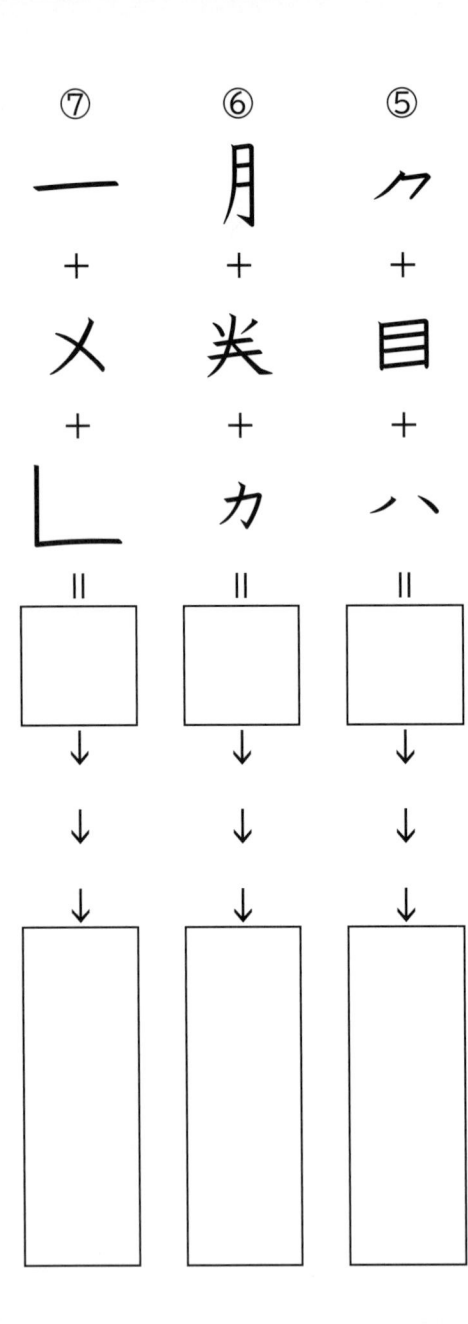

月　日

かん字足し算　13

名前

かん字の足し算をしよう。

＊答えのかん字でことばを作ろう。

① 目＋𠃊＋小＝□

② 一＋亅＝□

③ 尸＋一＋厶＋土＝□

④ 木＋艮＝□

⑤ 扌＋几＋又＝□

⑥ 王＋求＝□

⑦ 扌＋丁＝□

⑧ 、＋王＝□

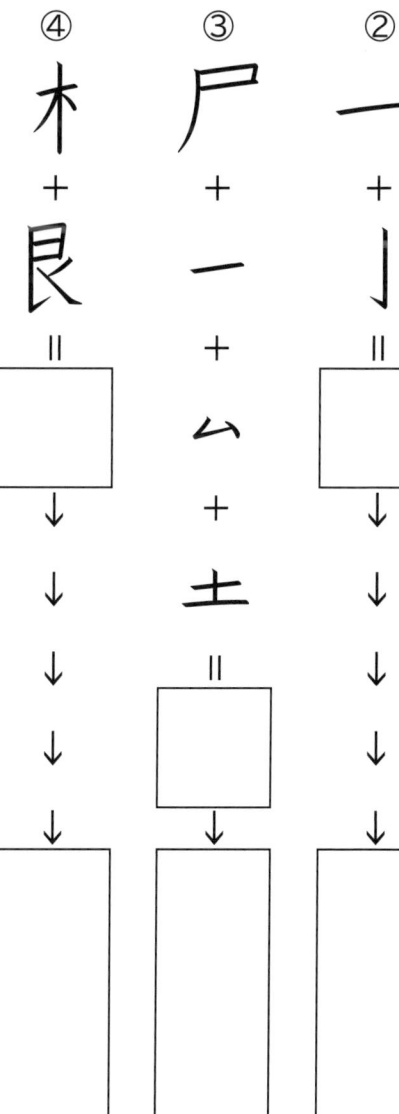

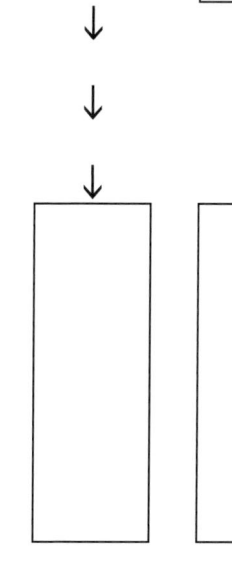

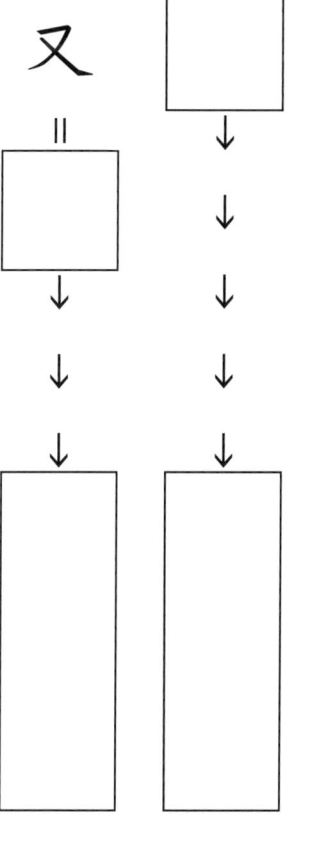

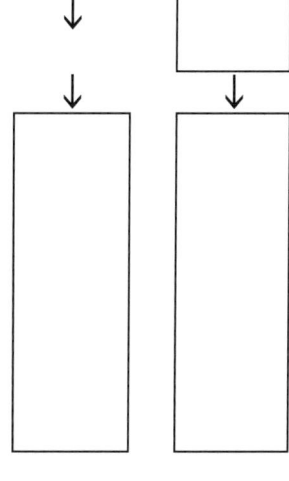

61

✚かん字足し算 14

サーカスのライオン①

月　日

名前

かん字の足し算をしよう。

＊答えのかん字でことばを作ろう。

① 亻 ＋ 匕 ＝

② 金 ＋ 失 ＝

③ 十 ＋ 目 ＋ 一 ＋ 八 ＝

④ 宀 ＋ 夂 ＋ 口 ＝

⑤ 𦍌 ＋ ノ ＋ 目 ＝

⑥ 关 ＋ 辶 ＝

⑦ 阝 ＋ 宀 ＋ 元 ＝

東書3年②

62

かん字足し算 15

サーカスのライオン②／漢字を使おう 5

月 日

名前

かん字の足し算をしよう。

＊答えのかん字でことばを作ろう。

① 广 ＋ 又 ＝ □ ↓ ↓ ↓ ↓ □

② ⺍ ＋ 冖 ＋ 又 ＝ □ ↓ ↓ ↓ □

③ 氵 ＋ ⺌ ＋ 月 ＝ □ ↓ ↓ ↓ □

④ 廿 ＋ 亻 ＋ 可 ＝ □ ↓ ↓ ↓ □

⑤ 冖 ＋ 車 ＋ 辶 ＝ □ ↓ ↓ ↓ □

⑥ 阝 ＋ 日 ＋ 昜 ＝ □ ↓ ↓ ↓ □

⑦ 𧾷 ＋ 夂 ＋ 口 ＝ □ ↓ ↓ ↓ □

東書3年②

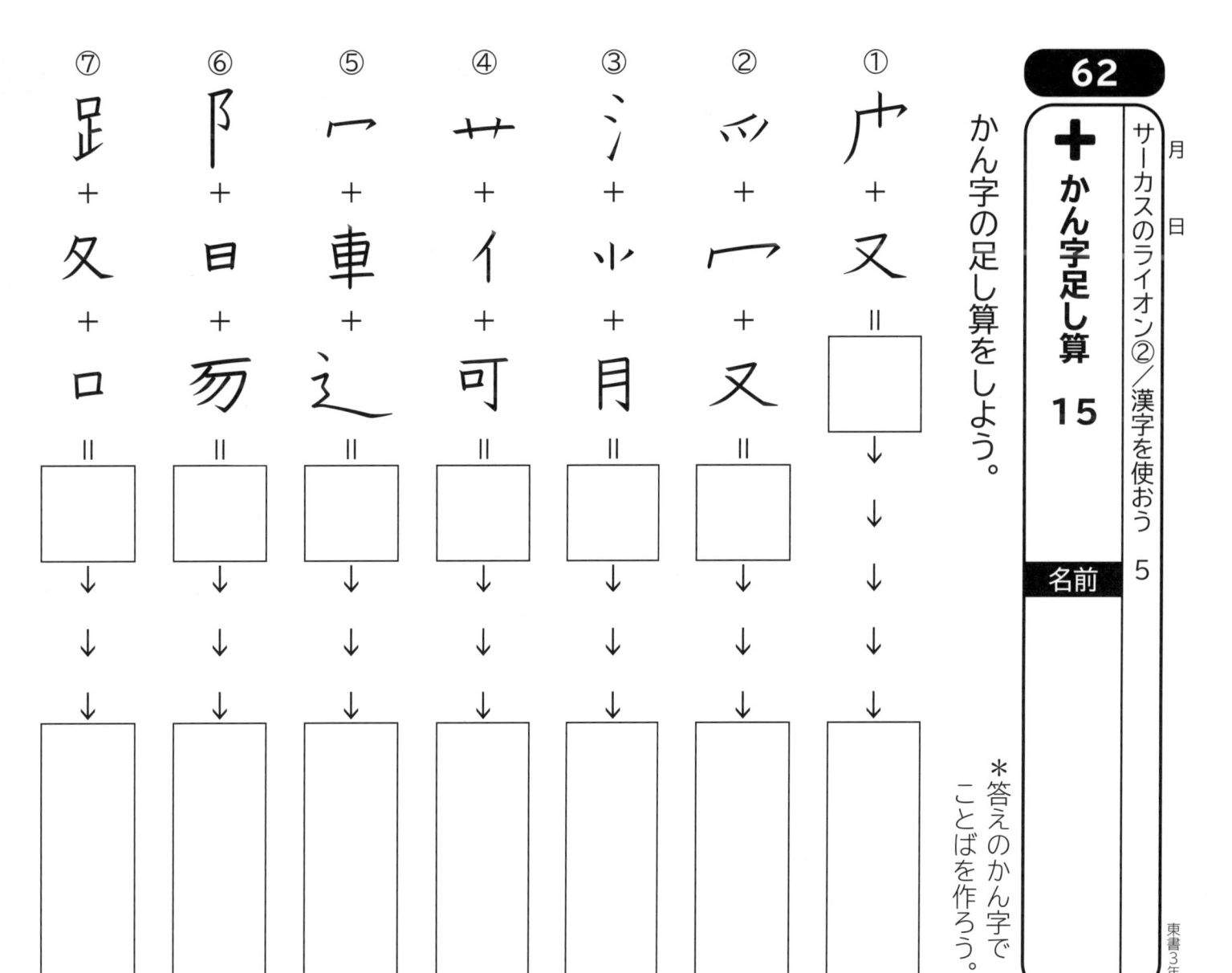

63

かん字足し算 16

せっちゃくざいの今とむかし①

月　日

名前

かん字の足し算をしよう。

＊答えのかん字でことばを作ろう。

① 廿 + 日 = □ ↓↓↓↓ □

② 月 + 𠃋 + 又 = □ ↓↓↓ □

③ 一 + 冂 + 山 = □ ↓↓↓ □

④ 車 + 又 + 土 = □ ↓↓↓ □

⑤ 目 + 一 + 八 = □ ↓↓↓ □

⑥ 氵 + 日 + 皿 = □ ↓↓↓ □

⑦ 广 + 廿 + 又 = □ ↓↓↓ □

東書3年②

月　日

64

＋かん字足し算 17

せっちゃくざいの今と昔②／道具のひみつをつたえよう／こそあど言葉

名前

東書3年②

かん字の足し算をしよう。

＊答えのかん字でことばを作ろう。

① 丷 ＋ 王 ＋ 大 ＝ □ → → → □

② 矢 ＋ 一 ＋ 口 ＋ 丷 ＝ □ → □

③ 東 ＋ 攵 ＋ 正 ＝ □ → → → □

④ 扌 ＋ 匕 ＋ 日 ＝ □ → → → □

⑤ 木 ＋ 十 ＋ 目 ＋ 乚 ＝ □ → □

⑥ 石 ＋ 开 ＝ □ → → → → □

⑦ 宀 ＋ 八 ＋ 九 ＝ □ → → → □

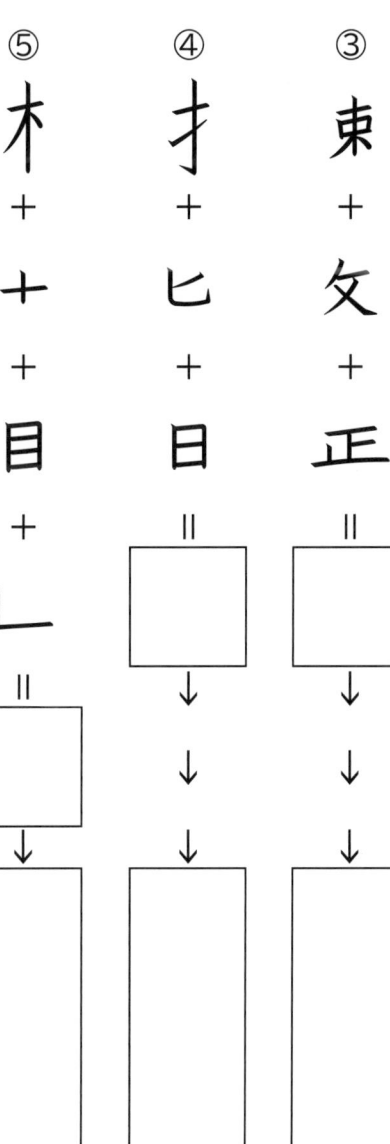

65

かん字足し算 18

話したいな、すきな時間／漢字の読み方①

月　日

名前

かん字の足し算をしよう。

＊答えのかん字でことばを作ろう。

① 氵＋冖＋儿＋木＝□→□

② 亻＋弋＝□→□

③ 一＋冊＋木＝□→□

④ 食＋欠＝□→□

⑤ 氵＋亠＋厶＋儿＝□→□

⑥ 山＋厂＋火＝□→□

⑦ 一＋丷＋十＝□→□

66

＋かん字足し算 19

漢字の読み方②／モチモチの木①

月　日

名前

かん字の足し算をしよう。

＊答えのかん字でことばを作ろう。

① 禾＋口＝□→→→→→□

② 金＋艮＝□→→→→→□

③ 自＋田＋廾＝□→→→→□

④ 礻＋日＋｜＝□→→→→□

⑤ 夕又＋二＋小＝□→→→→□

⑥ 止＋米＋山＝□→→→→□

⑦ 一＋矢＋乚＝□→→→→□

⑧ 土＋厂＋又＝□→→→→□

東書3年②

67

＋かん字足し算 20

モチモチの木②／漢字を使おう 6①

月　日

名前

かん字の足し算をしよう。

①　艹＋白＋⺌＋木＝□
↓
□

②　⺮＋木＋目＝□
↓
↓
↓
□

③　氵＋日＋勿＝□
↓
↓
↓
□

④　亻＋也＝□
↓
↓
↓
↓
↓
□

⑤　亠＋乂＋寸＝□
↓
↓
↓
□

⑥　氵＋ソ＋手＝□
↓
↓
↓
□

⑦　氵＋古＋月＝□
↓
↓
↓
□

＊答えのかん字で
ことばを作ろう。

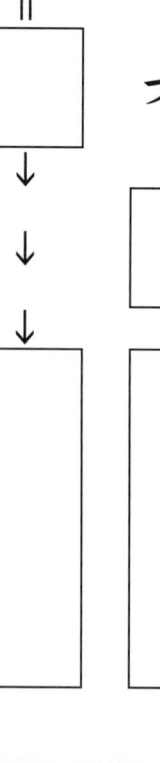

月　日

漢字を使おう　6②／人物の気持ちを表す言葉／いろいろなつたえ方

✚かん字足し算　21

名前

かん字の足し算をしよう。

＊答えのかん字でことばを作ろう。

① 氵＋酉＝□↓↓↓↓□

② 氵＋由＝□↓↓↓↓□

③ 扌＋人＋一＋口＝□↓□

④ ソ＋三＋丨＝□↓↓↓□

⑤ 馬＋尺＝□↓↓↓↓□

⑥ 氵＋廿＋八＋己＝□↓□

⑦ 田＋八＋川＝□↓↓↓□

東書3年②

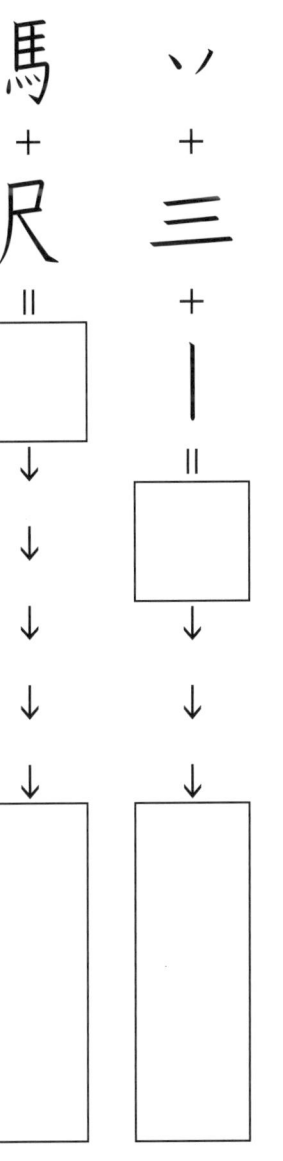

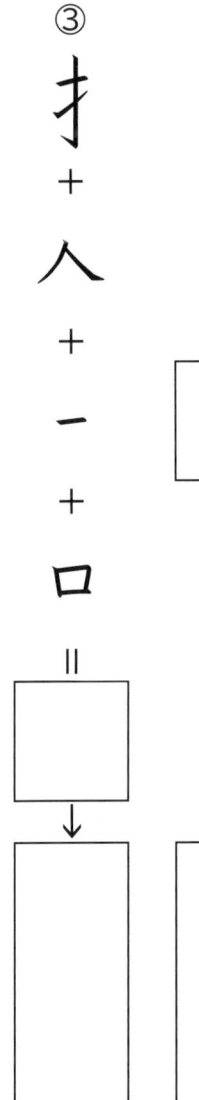

69

月　日

本から発見したことをつたえ合おう／漢字を使おう 7

＋かん字足し算 22

名前

かん字の足し算をしよう。

＊答えのかん字でことばを作ろう。

① 其＋月＝□

② ⺈＋罒＋儿＋力＝□

③ 糸＋及＝□

④ 一＋エ＋心＝□

⑤ 一＋夕＋刂＝□

⑥ マ＋冖＋亅＝□

⑦ 言＋火＋火＝□

⑧ 厂＋又＝□

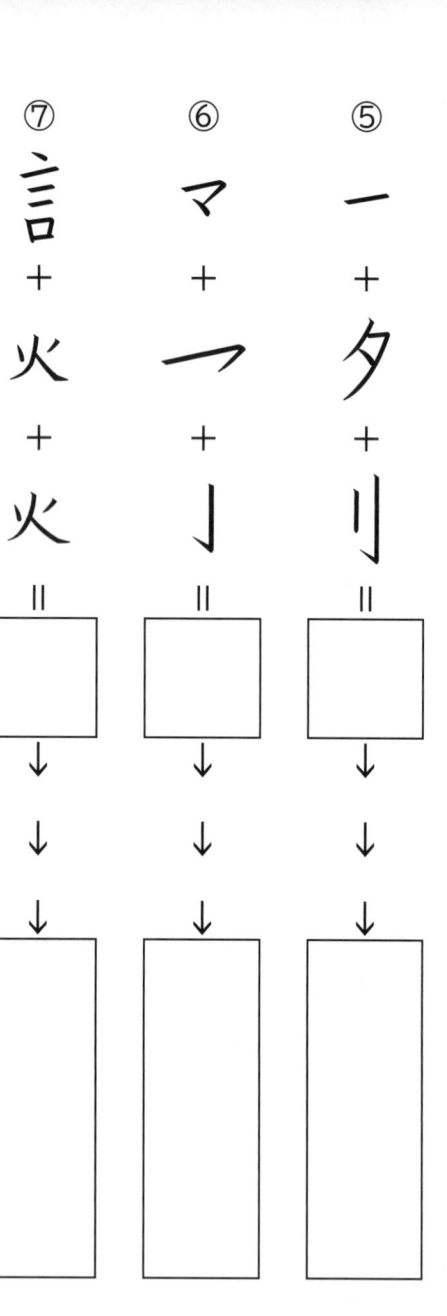

足りないのはどこ（形をよく見て）8

名前

足りないところを見つけて、正しく書こう。

① 助《じょ》言《げん》 ↓

② 落《らく》石《せき》 ↓

③ 前《ぜん》進《しん》 ↓

④ 役《やく》目《め》 ↓

⑤ 負《ま》ける ↓

⑥ 勝《しょう》負《ぶ》 ↓

⑦ 地《ち》区《く》 ↓

⑧ 石《いし》川《かわ》県《けん》 ↓

⑨ 三《さん》丁《ちょう》目《め》 ↓

⑩ 小《こ》屋《や》 ↓

⑪ 根《こん》気《き》 ↓

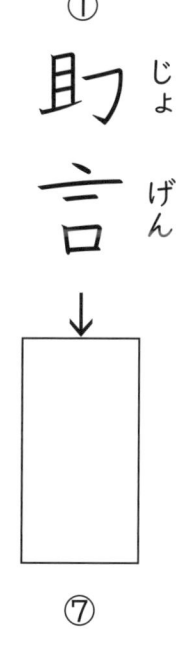

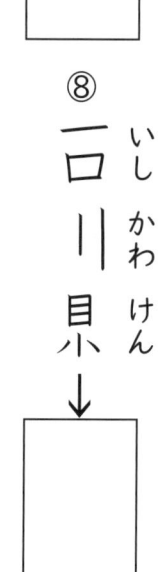

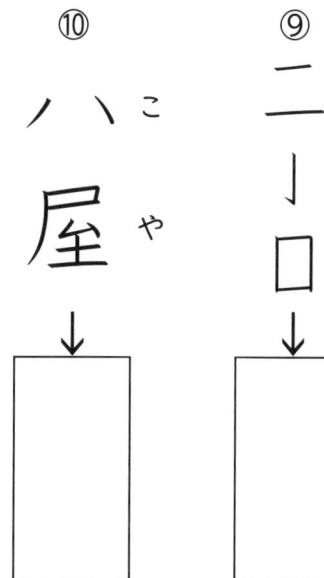

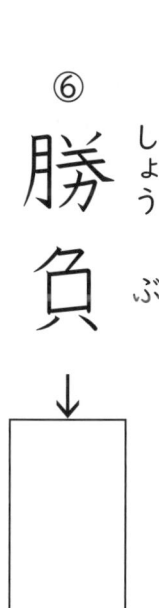

月　日

71

漢字を使おう　4②〜サーカスのライオン①

足りないのはどこ（形をよく見て）9

名前

足りないところを見つけて、正しく書こう。

① 扠《とう》書《しょ》 ↓ □

② 地《ち》球《きゅう》 ↓ □

③ 強《きょう》打《だ》 ↓ □

④ 三《しゅ》語《ご》 ↓ □

⑤ 化《か》字《がく》 ↓ □

⑥ 鈇《てつ》道《どう》 ↓ □

⑦ 真《しん》実《じつ》 ↓ □

⑧ 客《きゃく》室《しつ》 ↓ □

⑨ 上《うわ》着《ぎ》 ↓ □

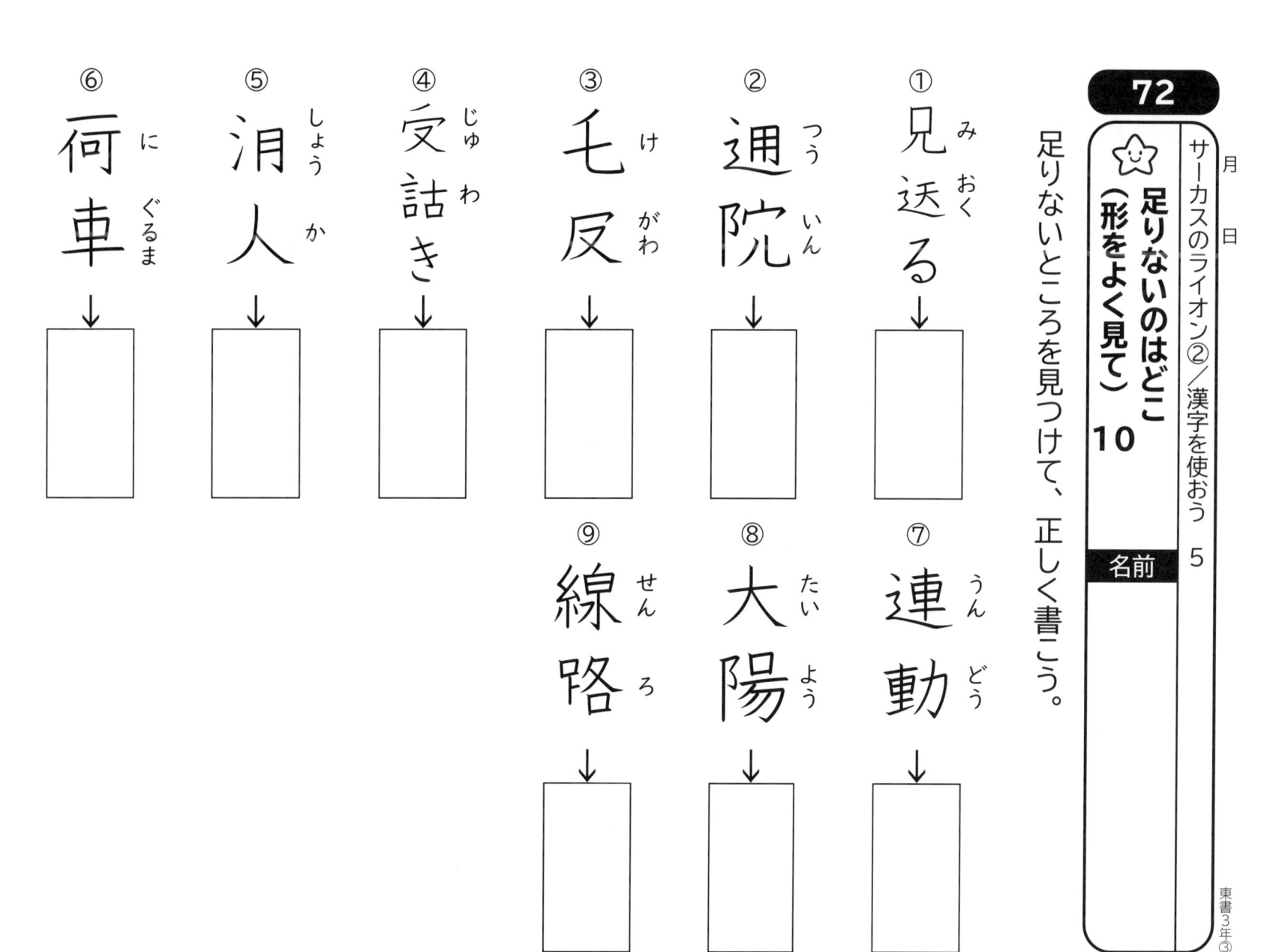

月　日

サーカスのライオン②／漢字を使おう 5

足りないのはどこ（形をよく見て）10

名前

足りないところを見つけて、正しく書こう。

① 見《み》送《おく》る →

② 通《つう》院《いん》 →

③ 毛《け》皮《がわ》 →

④ 受《じゅ》話《わ》き →

⑤ 消《しょう》火《か》 →

⑥ 荷《に》車《ぐるま》 →

⑦ 運《うん》動《どう》 →

⑧ 太《たい》陽《よう》 →

⑨ 線《せん》路《ろ》 →

73

月　日

せっちゃくざいの今とむかし／道ぐのひみつをつたえよう／こそあど言葉

足りないのはどこ（形をよく見て）11

名前

足りないところを見つけて、正しく書こう。

① 音詁《むかしばなし》 →

② 字主服《がくせいふく》 →

③ 币万《りょうほう》 →

④ 軠食《けいしょく》 →

⑤ 絵の貝《えのぐ》 →

⑥ 温度《おんど》 →

⑦ 美ノ《びじん》 →

⑧ 短文《たんぶん》 →

⑨ 整埋《せいり》 →

⑩ 親指《おやゆび》 →

⑪ 植物《しょくぶつ》 →

⑫ 研究《けんきゅう》 →

東書3年③

足りないのはどこ（形をよく見て）12

名前

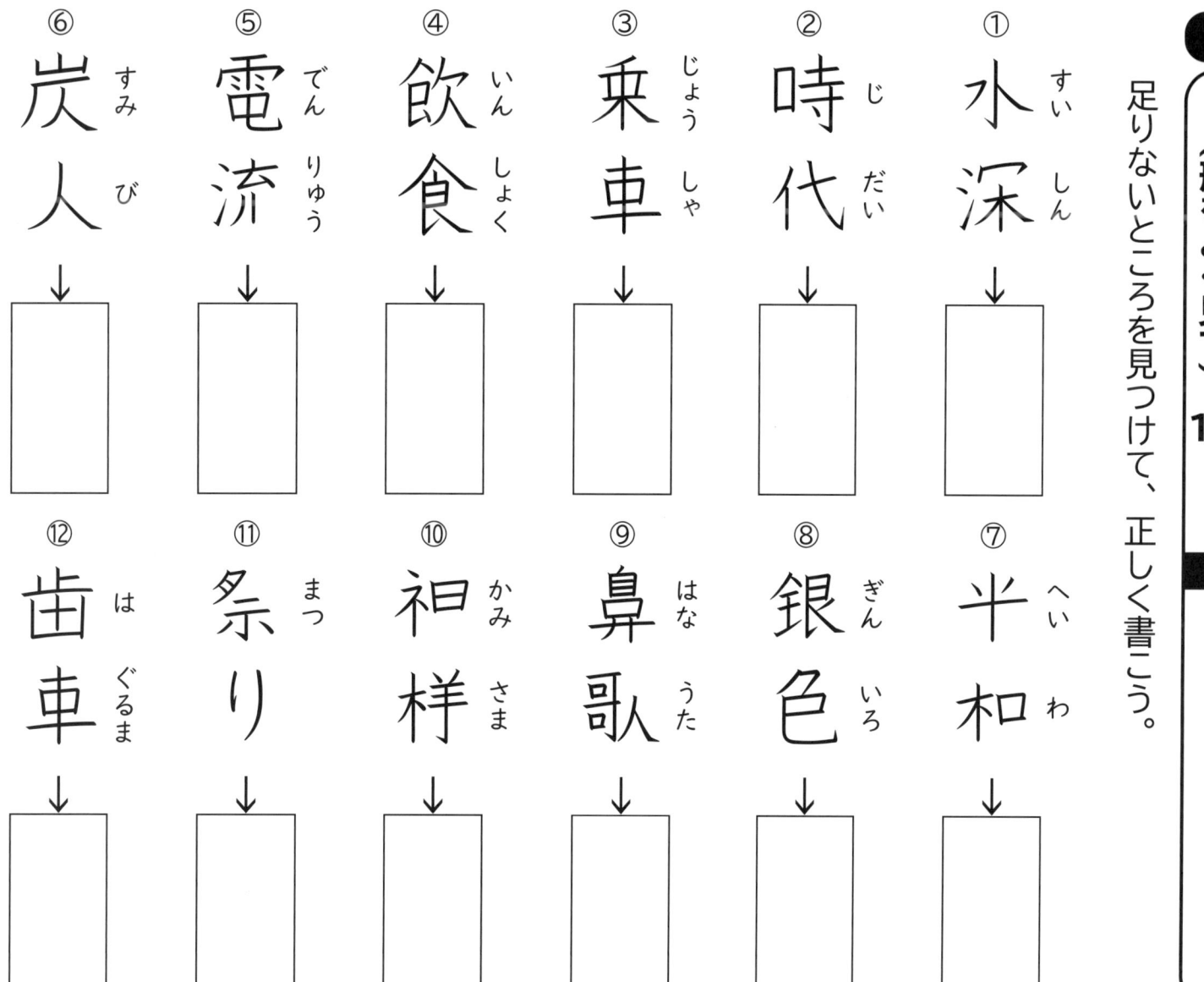

足りないところを見つけて、正しく書こう。

① 水《すい》深《しん》 ↓ □

② 時《じ》代《だい》 ↓ □

③ 乗《じょう》車《しゃ》 ↓ □

④ 飲《いん》食《しょく》 ↓ □

⑤ 電《でん》流《りゅう》 ↓ □

⑥ 炭《すみ》人《び》 ↓ □

⑦ 半《へい》和《わ》 ↓ □

⑧ 銀《ぎん》色《いろ》 ↓ □

⑨ 鼻《はな》歌《うた》 ↓ □

⑩ 神《かみ》様《さま》 ↓ □

⑪ 祭《まつ》り ↓ □

⑫ 歯《は》車《ぐるま》 ↓ □

月　日

モチモチの木②／漢字を使おう　6

足りないのはどこ（形をよく見て）13

名前

足りないところを見つけて、正しく書こう。

① 医《い》字《がく》
↓

② 丅《くだ》り坂《ざか》
↓

③ 菓《くすり》箱《ばこ》
↓

④ 湯《ゆ》気《げ》
↓

⑤ 他《た》ノ《にん》
↓

⑥ 対《たい》詁《わ》
↓

⑦ 洋《よう》室《しつ》
↓

⑧ 湖《こ》水《すい》
↓

⑨ 口《に》木《ほん》酒《しゅ》
↓

⑩ 泪《ゆ》日《でん》
↓

⑪ 拾《ひろ》う
↓

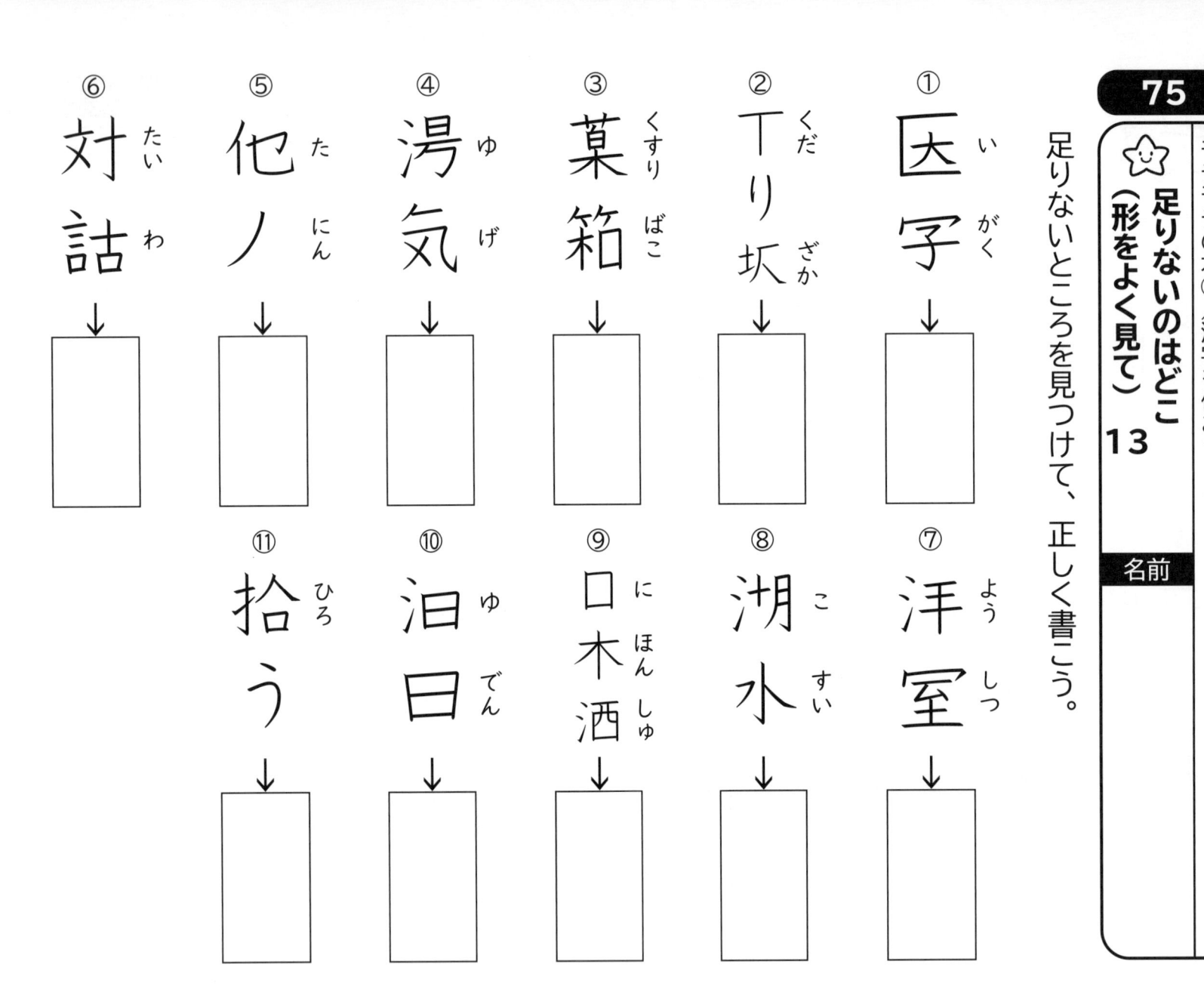

月　日

人物の気持ちを表す言葉～漢字を使おう 7

足りないのはどこ 14 (形をよく見て)

名前

足りないところを見つけて、正しく書こう。

① 寸《こ》羊《ひつじ》 → □

② 駅《えき》前《まえ》 → □

③ 開《かい》洪《こう》 → □

④ げん界《かい》 → □

⑤ 字《がっ》期《き》 → □

⑥ 免《べん》強《きょう》 → □

⑦ 上級主《じょうきゅうせい》 → □

⑧ 式《しき》場《じょう》 → □

⑨ 列《れっ》車《しゃ》 → □

⑩ 了《よ》習《しゅう》 → □

⑪ 会《かい》談《だん》 → □

⑫ 反《はん》発《ぱっ》 → □

東書3年③

月　日

東書3年④

77

かん字を入れよう 12

慣用句を使おう／グループの合い言葉を決めよう

名前

文を読んで、ぴったりのかん字を入れよう。

①おぼれている人を、みんなで□けた。

②おつかいに行って、さいふを□とした。

③音楽が鳴ったら、前に□みましょう。

④おてつだいをして、母の□に立つ。

⑤一点さで□けて、とてもくやしい。

⑥サッカーのしあいで、一点さで□った。

⑦引き出しの中を□切って、分ける。

ヒント　負　進　区　落　助　役　勝

78

かん字を入れよう 13

漢字を使おう 4／しゅ語とじゅつ語、つながってる？

月　日

名前

文を読んで、ぴったりのかん字を入れよう。

①青森□では、リンゴがたくさんとれる。

②ぼくの家は、二□目にあります。

③強い風のせいで、犬小□がこわれてしまった。

④おので、木を□元から切りたおす。

⑤右手で、ドッジボールを、思い切り□げる。

⑥兄は、しょう年野□のピッチャーをしている。

⑦バットで、思い切りボールを□った。

⑧このお話の□人公は、男の人です。

ヒント　打　丁　投　根　屋　球　主　県

79

かん字を入れよう 14

サーカスのライオン①

月　日

名前

文を読んで、ぴったりのかん字を入れよう。

①きょうりゅうのほねの□石を見つけた。

②公園の□ぼうで、さか上がりをする。

③となりの家には、□っ白い犬がいる。

④スーパーのお□さんが、レジにならぶ。

⑤あせをかいたら、ふくを□がえましょう。

⑥てん校する友だちを、手をふって見□った。

⑦父がけがをして、入□することになった。

ヒント　鉄　送　院　真　化　客　着

東書3年④

月　日

80

サーカスのライオン②／漢字を使おう5

かん字を入れよう 15

名前

東書3年④

文を読んで、ぴったりのかん字を入れよう。

①ほうちょうで、りんごの□をむく。

②父の投げたボールを、グローブで□けた。

③いきなり明かりが□えて、びっくりした。

④家族で、引っこしの□づくりをする。

⑤大きなつくえを、二人で□んだ。

⑥夕方、太□が西の山にしずむ。

⑦汽車がけむりをはいて、線□を走っている。

ヒント　受　荷　皮　運　陽　路　消

月　日

せっちゃくざいの今とむかし①

かん字を入れよう 16

名前

文を読んで、ぴったりのかん字を入れよう。

①きょうりゅうは、大□には、日本にもいた。

②兄が、中学校のせい□を買いに行く。

③父と母のことを、□親という。

④ランドセルが空っぽで、とても□い。

⑤遠足で、雨□をわすれて、ずぶぬれになった。

⑥母が、□かいココアを出してくれた。

⑦とても寒いので、おん□計を見た。

ヒント　両　昔　温　軽　服　度　具

月　日

せっちゃくざいの今と昔②／道具のひみつをつたえよう／こそあど言葉

かん字を入れよう 17

名前

東書3年④

文を読んで、ぴったりのかん字を入れよう。

①公園に、さくらの花が、□しくさいている。

②何回もえんぴつをけずると、□くなった。

③ちらかった、つくえの上の本を□理する。

④ドッジボールで、つき□をした。

⑤ここには、めずらしい木が□えてある。

⑥お父さんは、地しんの□きゅうをしている。

⑦この大学では、こん虫のけん□をしている。

ヒント　究　整　研　美　短　植　指

月　日

かん字を入れよう 18

話したいな、すきな時間／漢字の読み方①

名前

文を読んで、ぴったりのかん字を入れよう。

①せん水かんが、□い海にもぐる。

②父から、子ども時□の話を聞いた。

③父と自てん車に□って、サイクリングをした。

④のどがかわいたら、水を□みましょう。

⑤川に落としたぼうしが、□れていった。

⑥バーベキューをして、□火で肉をやく。

⑦一りん車は、□らな場所で練習する。

ヒント　乗　飲　代　流　平　炭　深

かん字を入れよう 19

名前

文を読んで、ぴったりのかん字を入れよう。

①外国でも、日本の□食が人気だ。

②母が、□行にお金をあずけに行く。

③顔のまん中には、□がある。

④お正月は、近くの□社に、はつもうでに行く。

⑤今日は秋□りで、おみこしが出る。

⑥夜、ねる前に、□みがきをする。

⑦ねつがあるので、お□者さんにみてもらう。

⑧急な□道を、歩いて上る。

ヒント　神　坂　医　銀　歯　和　鼻　祭

85

月　日

モチモチの木②／漢字を使おう　6①

かん字を入れよう　20

名前

文を読んで、ぴったりのかん字を入れよう。

①目が赤いので、目□をさした。

②ダンボールの□に、本をつめる。

③やかんでお□をわかして、お茶を入れる。

④では、□の人の考えも聞いてみましょう。

⑤サッカーで、ライバルチームと□決する。

⑥ハンバーグがおいしい□食レストランです。

⑦「びわこ」は、日本で一番大きい□です。

ヒント　洋　湖　他　薬　対　湯　箱

月　日

漢字を使おう　6②／人物の気持ちを表す言葉／いろいろなつたえ方

かん字を入れよう　21

名前

文を読んで、ぴったりのかん字を入れよう。

①父が、お□を飲んでよっぱらった。

②天ぷらは、□であげて作る。

③公園のごみを□って、ごみ箱に入れる。

④この毛糸は、□の毛から作られている。

⑤八時ちょうどに、電車が□を出発しました。

⑥大きな外国の船が、□に入ってきた。

⑦もうこれが、がまんのげん□です。

ヒント　羊　酒　界　港　油　駅　拾

東書3年④

かん字を入れよう　22

名前

文を読んで、ぴったりのかん字を入れよう。

① 二学□には、秋の運動会がある。

② 四年生になると、□強がむずかしくなる。

③ クラスのみんなで、学□新ぶんを作った。

④ 六年生のそつぎょう□は、三月です。

⑤ ありの行□が、遠くまでつづいている。

⑥ 先生から、来週の□ていを聞いた。

⑦ こまっていることを、先生に相□する。

⑧ 体そうで、体を後ろに□らす。

ヒント　列　期　式　予　談　反　勉　級

3 学期

かくれたパーツをさがせ 30

名前

かくれたパーツをさがして、かんせいさせよう。

① チュウ　□主

□《ちゅうもん》が□《おお》い。

② くら(い)　□音

□《くら》い□《よる》になる。

③ わる(い)　亜□

□《かおいろ》が□《わる》い。

④ ガン　□厈

□《かいがん》を□《まいあさ》□《はし》る。

⑤ はな(す)　方□

□《そら》に□《とり》を□《はな》す。

⑥ しあわ(せ)　土□

□《しあわ》せな□《じんせい》。

かくれたパーツをさがせ 31

カミツキガメは悪者か②〜道具のうつりかわりを説明しよう

月　日

名前

かくれたパーツをさがして、かんせいさせよう。

① 非□　かな(しい)

□《かな》しい□《はなし》。

② 商(□)　ショウ

□《いちば》で□《しょうばい》する。

③ □召　ショウ

□《しょうわ》□《う》まれの□《ちち》。

④ □長　チョウ

□《ちち》の□《くろ》い□《てちょう》。

⑤ 广□　コ

□《きんこ》の□《なか》の□《たいきん》。

⑥ □云　テン

□《きいろ》の□《じてんしゃ》。

東書3年①

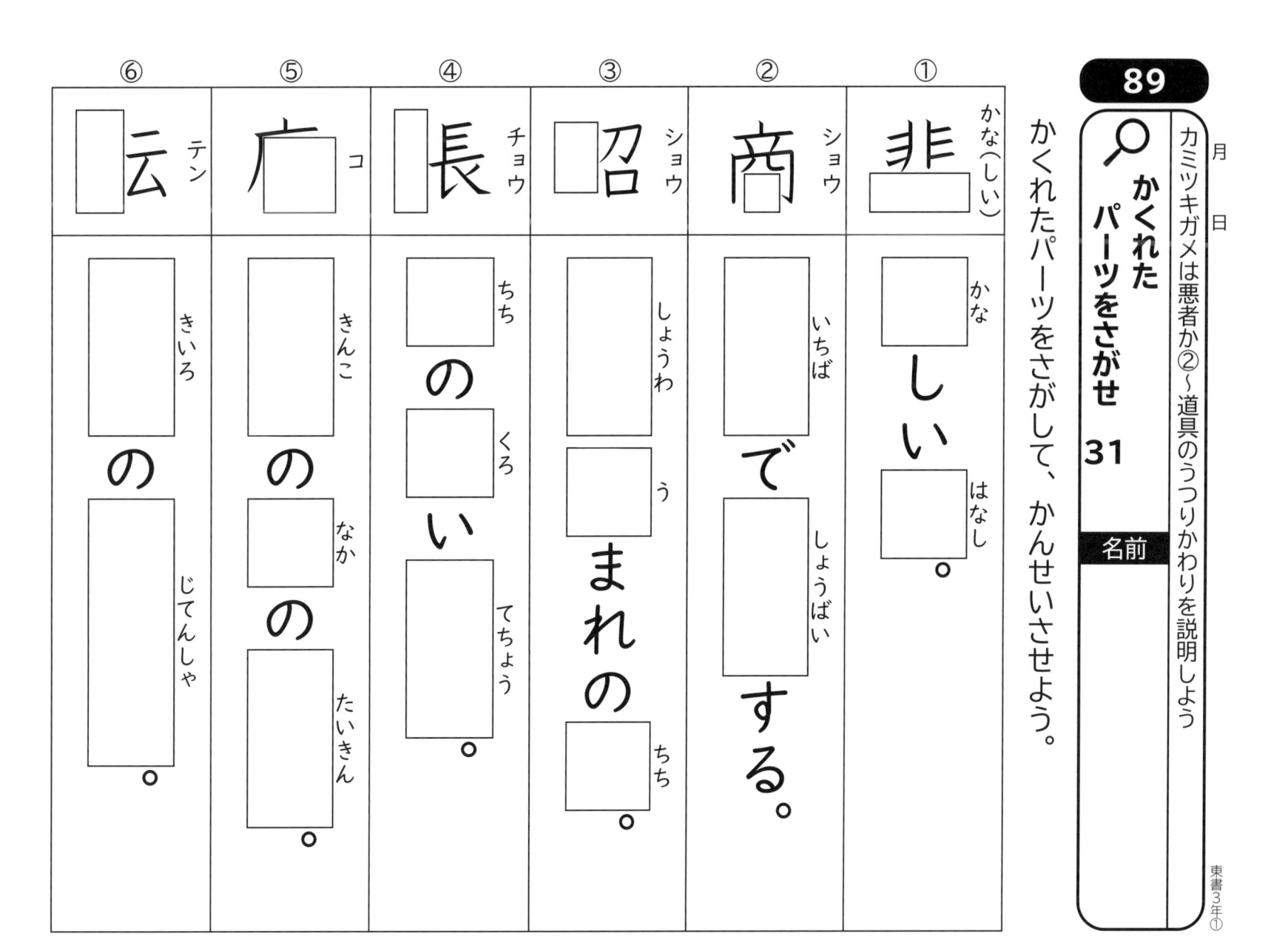

漢字を使おう 9　月　日

かくれたパーツをさがせ 32

名前

かくれたパーツをさがして、かんせいさせよう。

① □弟《ダイ》
はじめの□《だいいっぽ》。

② □畐《フク》
□《ふくびき》きで□《あ》たる。

③ □寺《ひと(しい)》
□《なが》さが□《ひと》しい。

④ □疋《さだ(まる)》
□《にんずう》が□《さだ》まる。

⑤ □呂《みや》
お□《みや》さんに□《い》く。

⑥ □佰《やど(る)》
□《あまやど》りをする。

月　日

くわしく表す言葉／ゆうすげ村の小さなりょ館　―ウサギのダイコン①

91

かくれたパーツをさがせ 33

名前

かくれたパーツをさがして、かんせいさせよう。

	①	②	③	④	⑤
漢字	辶□ お(う)	广□ テイ	□𠂉衣 リョ	自□ いき	□皆 カイ
文	にげた□《ひと》を□《お》う。	□《こうてい》の□《くさばな》。	□《なつ》の□《りょこう》。	ため□《いき》が□《で》る。	□《にかい》だてバス

東書3年①

月　日

ゆうすげ村の小さな旅館　―ウサギのダイコン②

92

かくれたパーツをさがせ 34

名前

東書3年①

かくれたパーツをさがして、かんせいさせよう。

①
かさ(ねる)
重

□《ほん》を□《かさ》ねる。

②
はたけ
□田

□《はなばたけ》が□《ひろ》がる。

③
さ(る)
土□

□《なつ》がすぎ□《さ》る。

④
レイ
□し

□《げつようび》の□《ちょうれい》。

⑤
ま(つ)
□寺

□《まちあいしつ》で□《ま》つ。

93

月　日

漢字を使おう 10／漢字の組みたてと意味

かくれたパーツをさがせ 35

名前

かくれたパーツをさがして、かんせいさせよう。

① □少《ビョウ》
□《じゅうびょう》で□《はし》った。

② 疒□《ビョウ》
□《びょうき》で□《やす》む。

③ □里《ドウ》
□《どうわ》を□《よ》む。

④ □由《ふえ》
□《くちぶえ》が□《き》こえる。

⑤ □皮《なみ》
□《うみ》が□《なみだ》つ。

東書3年①

94

月　日

✚かん字足し算 23

俳句に親しもう／カミツキガメはわる者か

名前

東書3年②

かん字の足し算をしよう。

＊答えのかん字でことばを作ろう。

① 氵＋丶＋王＝□＋□→□

② 日＋立＋日＝□→□

③ 亜＋心＝□→□

④ 山＋厂＋干＝□→□

⑤ 方＋文＝□→□

⑥ 土＋ソ＋干＝□→□

⑦ 非＋心＝□→□

かん字足し算 24

漢字を使おう 8／道具のうつりかわりを説明しよう／漢字を使おう 9①

東書3年②

月　日

名前

かん字の足し算をしよう。

＊答えのかん字でことばを作ろう。

① 冂＋八＋口＋口＝□→□

② 日＋刀＋口＝□→□

③ 巾＋巨＋以＝□→□

④ 广＋車＝□→□

⑤ 車＋二＋ム＝□→□

⑥ 竹＋弓＋亻＝□→□

⑦ 礻＋一＋口＋田＝□→□

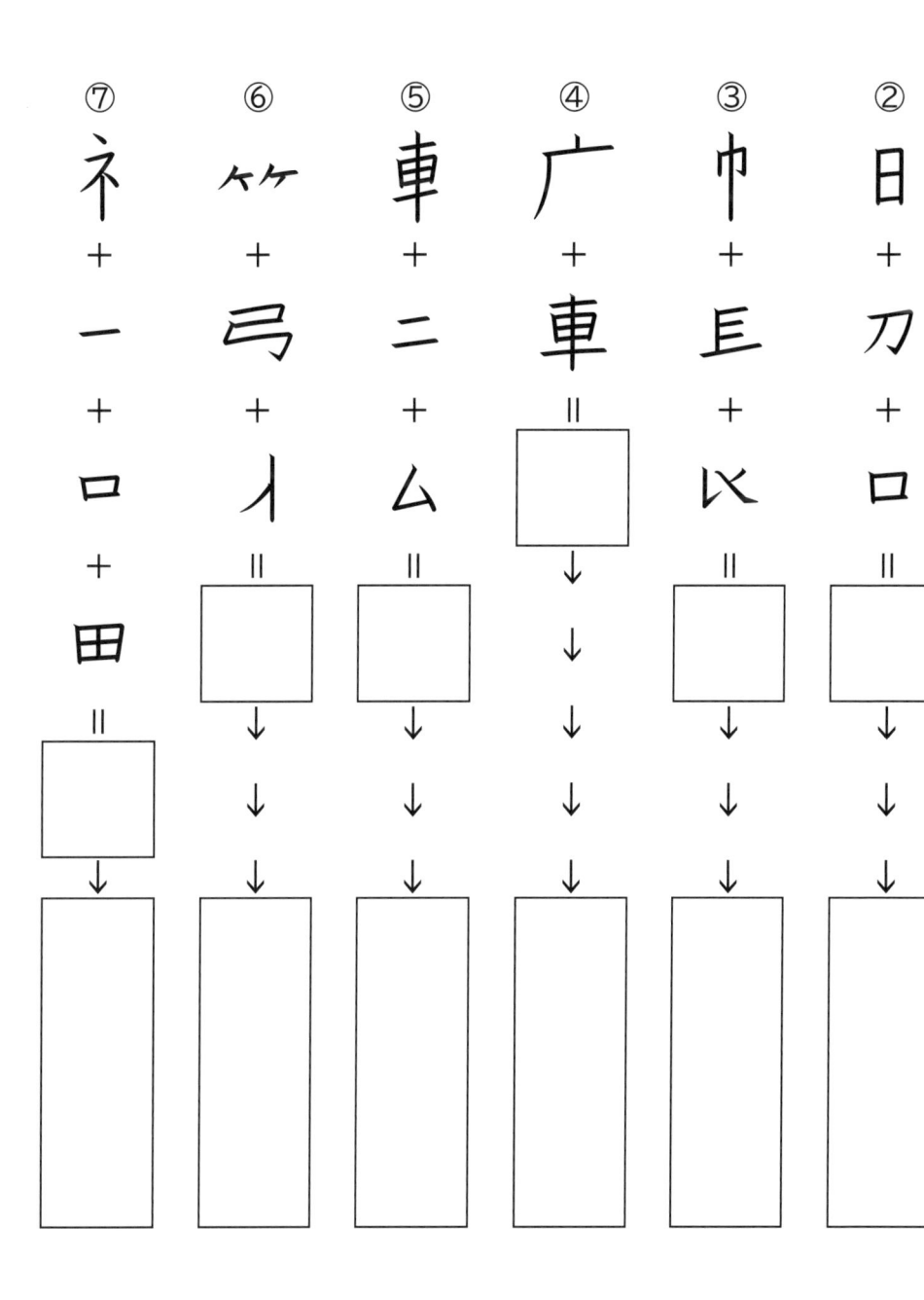

月　日

漢字を使おう　9②／くわしく表す言葉

96

✚かん字足し算　25

名前

かん字の足し算をしよう。

＊答えのかん字でことばを作ろう。

①　⺮＋土＋寸＝□↓↓↓↓□

②　宀＋疋＝□↓↓↓↓↓□

③　宀＋口＋丿＋口＝□↓□

④　宀＋亻＋百＝□↓↓↓□

⑤　𠂤＋辶＝□↓↓↓↓↓□

⑥　广＋壬＋㕛＝□↓↓↓□

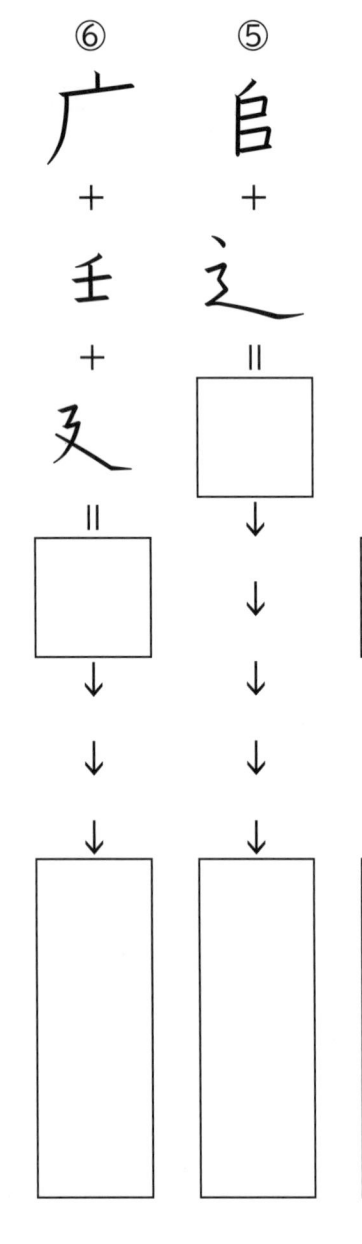

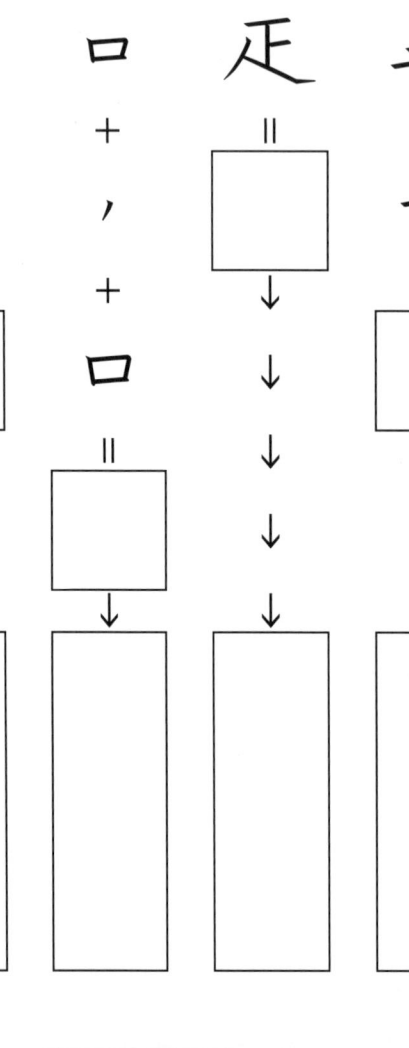

月　日

＋かん字足し算 26

ゆうすげ村の小さなりょ館　―ウサギのダイコン

名前

かん字の足し算をしよう。

＊答えのかん字でことばを作ろう。

① 方＋𠂉＋亻＋く＝□→□

② 自＋心＝□→→→→□

③ 阝＋比＋白＝□→→→□

④ 二＋日＋土＝□→→→□

⑤ 火＋田＝□→→→→→□

⑥ 土＋厶＝□→→→→→□

⑦ 礻＋し＝□→→→→→□

⑧ 彳＋土＋寸＝□→→→□

98

月　日

漢字を使おう　10／漢字の組み立てと意味

＋かん字足し算　27

名前

かん字の足し算をしよう。

＊答えのかん字でことばを作ろう。

① 禾＋小＋ノ＝□ ↓ ↓ ↓ □

② 疒＋冂＋人＝□ ↓ ↓ ↓ □

③ 亠＋日＋土＝□ ↓ ↓ ↓ □

④ ⺮＋由＝□ ↓ ↓ ↓ ↓ □

⑤ 氵＋⺈＋又＝□ ↓ ↓ ↓ □

東書3年②

99

月　日

俳句に親しもう～道具のうつりかわりを説明しよう

足りないのはどこ（形をよく見て）15

名前

足りないところを見つけて、正しく書こう。

① 汪又《ちゅうもん》 ↓ □

② 暗《あん》記《き》 ↓ □

③ 悪《わる》口《ぐち》 ↓ □

④ 川《かわ》岸《ぎし》 ↓ □

⑤ 放《ほう》水《すい》 ↓ □

⑥ 幸《しあわ》せ ↓ □

⑦ 悲《かな》しむ ↓ □

⑧ 商《しょう》売《ばい》 ↓ □

⑨ 昭《しょう》和《わ》 ↓ □

⑩ 口《にっ》記《き》帳《ちょう》 ↓ □

⑪ 車《しゃ》車《こ》 ↓ □

⑫ 口《かい》転《てん》 ↓ □

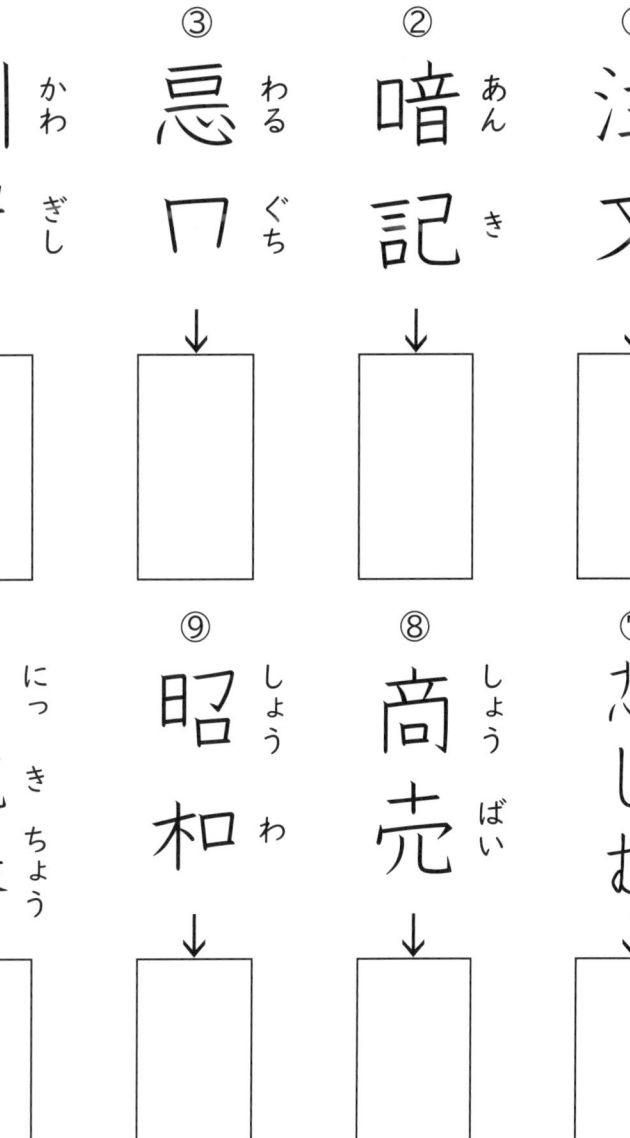

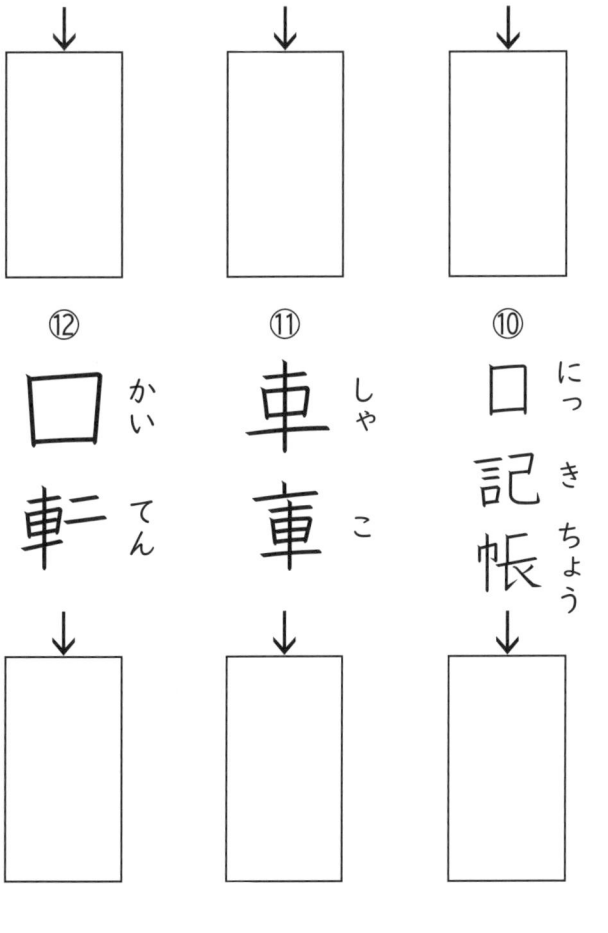

足りないのはどこ（形をよく見て）16

名前

足りないところを見つけて、正しく書こう。

① 第《だい》一《いち》 → □

② 福《ふく》引《び》き → □

③ 等《とう》分《ぶん》 → □

④ 定《てい》食《しょく》 → □

⑤ 工《おう》宮《きゅう》 → □

⑥ 宿《しゅく》題《だい》 → □

⑦ 追《お》い風《かぜ》 → □

⑧ 校《こう》庭《てい》 → □

⑨ 旅《たび》ノ《びと》 → □

⑩ 息《いき》切《ぎ》れ → □

⑪ 音《おん》階《かい》 → □

⑫ 休《たい》重《じゅう》 → □

101

月　日

ゆうすげ村の小さな旅館②／漢字を使おう　10／漢字の組み立てと意味

足りないのはどこ（形をよく見て）17

名前

足りないところを見つけて、正しく書こう。

① 炉《はた》竹《さく》 → □

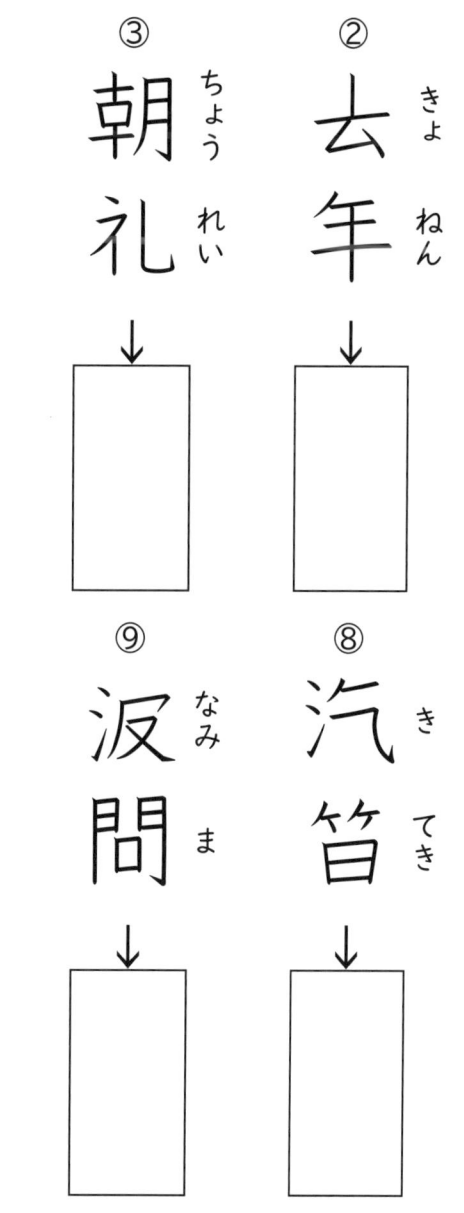

② 去《きょ》年《ねん》 → □

③ 朝《ちょう》礼《れい》 → □

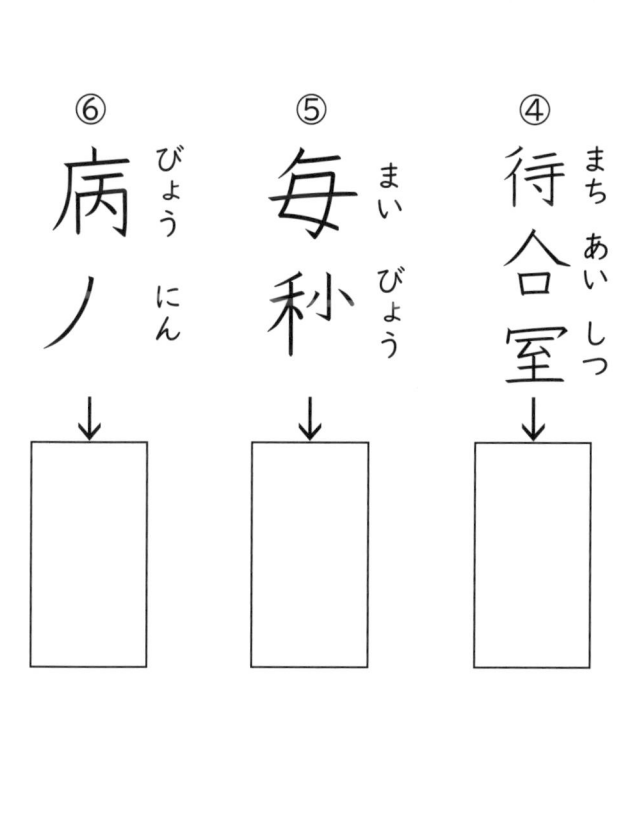

④ 待《まち》合《あい》室《しつ》 → □

⑤ 毎《まい》秒《びょう》 → □

⑥ 病《びょう》人《にん》 → □

⑦ 童《どう》話《わ》 → □

⑧ 汽《き》笛《てき》 → □

⑨ 波《なみ》間《ま》 → □

東書3年③

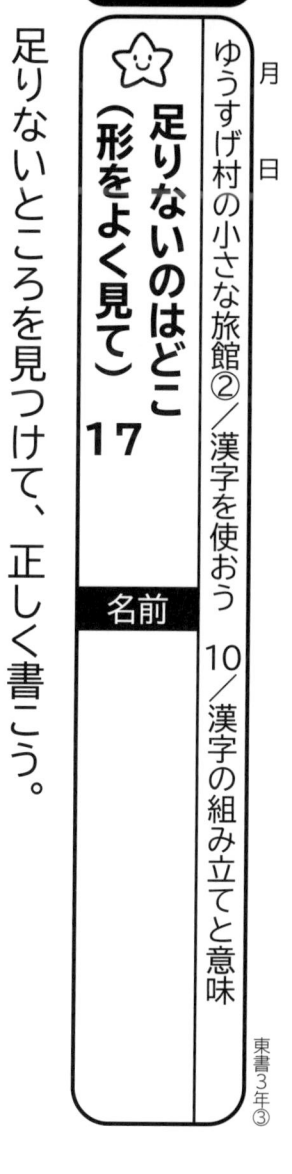

月　日

102

かん字を入れよう 23

俳句に親しもう／カミツキガメはわる者か

名前

文を読んで、ぴったりのかん字を入れよう。

①こぼさないように、コップに水を□ぐ。

②夕やけ空がだんだん□くなりました。

③今日は、天気が□くて、雨がふりそうだ。

④台風で、大きななみが海□に打ちよせる。

⑤ポンプ車が、いきおいよく水を□水する。

⑥それから、二人は□せにくらしました。

⑦かっていた犬がいなくなり、とても□しい。

ヒント　悪　幸　放　悲　注　暗　岸

東書3年④

103

漢字を使おう　8／道具のうつりかわりを説明しよう／漢字を使おう　9①

月　日

かん字を入れよう　24

名前

文を読んで、ぴったりのかん字を入れよう。

① お店のたなに、□品をならべました。

② ぼくは、平せいで、父は□和の生まれだ。

③ お父さんは、黒い手□に日記を書いている。

④ 父が車を、バックで車□に入れた。

⑤ 近くの公園まで、自□車で行った。

⑥ 新しい□一歩を、ふみ出しました。

⑦「おには外、□は内。」と、豆まきをする。

ヒント　福　帳　庫　転　昭　商　第

月　日

漢字を使おう　9②／くわしく表す言葉

かん字を入れよう　25

名前

文を読んで、ぴったりのかん字を入れよう。

①スーパーのくじ引きで、一□が当たった。

②来週の予□をれんらくします。

③赤ちゃんが、お□まいりに来ている。

④かさがないので、のき下で雨□りをする。

⑤犬が□いかけてきたので、走ってにげた。

⑥家の□に、チューリップがさいた。

ヒント　定　宮　宿　庭　等　追

105

月　日

ゆうすげ村の小さなりょ館　―ウサギのダイコン

東書3年④

かん字を入れよう 26

名前

文を読んで、ぴったりのかん字を入れよう。

①夏休みに、家族四人で□行に行った。

②ため□が出るほど、よいながめでした。

③家の二□のまどから、外を見る。

④本がいっぱい入っていて、かばんが□い。

⑤野さいを植えるために、□をたがやす。

⑥この夏は、□年にくらべてすずしかった。

⑦「ありがとう」と、心をこめてお□を言った。

⑧校門の前で、友だちと□ち合わせする。

ヒント　息　旅　畑　礼　待　階　重　去

106

月　日

漢字を使おう　10／漢字の組み立てと意味

かん字を入れよう 27

名前

文を読んで、ぴったりのかん字を入れよう。

①五十メートルを、十□で走った。

②これから、□気の友だちのお見まいに行く。

③キツネの親子の、□話を読んだ。

④遠くから、口□をふく音が聞こえる。

⑤サーフィンをして、大きな□に乗っている。

ヒント　波　病　童　笛　秒

東書3年④

答え

（解答例）

1学期の答え　1～4

1

すいせんのラッパ①　月　日

かくれたパーツをさがせ　1　名前

かくれたパーツをさがして、かんせいさせよう。

① 葉《は》
② 起《お(こす)》
③ 速《はや(い)》
④ 面《メン》
⑤ 向《む(こう)》
⑥ 緑《みどり》

① 赤《あか》や黄色《きいろ》の葉《は》。
② 母《はは》が弟《おとうと》を起《お》こす。
③ 足《あし》が速《はや》い。
④ 地面《じめん》の下《した》。
⑤ 海《うみ》の向《む》こう。
⑥ 緑《みどり》の山《やま》がつづく。

東書3年①

2

すいせんのラッパ②　月　日

かくれたパーツをさがせ　2　名前

かくれたパーツをさがして、かんせいさせよう。

① 感《カン》
② 豆《ズ》
③ 物《もの》
④ 様《ヨウ》
⑤ 仕《シ》

① 感心《かんしん》なおこない。
② 大豆《だいず》を食《た》べる。
③ 海《うみ》の魚《さかな》の物語《ものがたり》。
④ 馬《うま》の様子《ようす》を見《み》る。
⑤ さい後《ご》の仕上《しあ》げ。

東書3年①

3

かん字をつかおう　1　月　日

かくれたパーツをさがせ　3　名前

かくれたパーツをさがして、かんせいさせよう。

① 練《レン》
② 習《シュウ》
③ 州《シュウ》
④ 央《オウ》
⑤ 横《よこ》
⑥ 倍《バイ》

① 犬《いぬ》のくん練《れん》。
② 文字《もじ》の学習《がくしゅう》。
③ 九州《きゅうしゅう》に船《ふね》で行《い》く。
④ 紙《かみ》の中央《ちゅうおう》に書《か》く。
⑤ お寺《てら》の横《よこ》の公園《こうえん》。
⑥ 百万倍《ひゃくまんばい》の力《ちから》。

東書3年①

4

としょかんへ行こう／国語じてんのつかい方①　月　日

かくれたパーツをさがせ　4　名前

かくれたパーツをさがして、かんせいさせよう。

① 館《カン》
② 事《こと》
③ 号《ゴウ》
④ 使《つか(う)》
⑤ 意《イ》
⑥ 味《ミ》

① 図書館《としょかん》の館長《かんちょう》。
② 出来事《できごと》を話《はな》す。
③ 長《なが》い電《でん》わ番号《ばんごう》。
④ 弓矢《ゆみや》を使《つか》う。
⑤ 紙《かみ》を用意《ようい》する。
⑥ 味方《みかた》の人数《にんずう》。

東書3年①

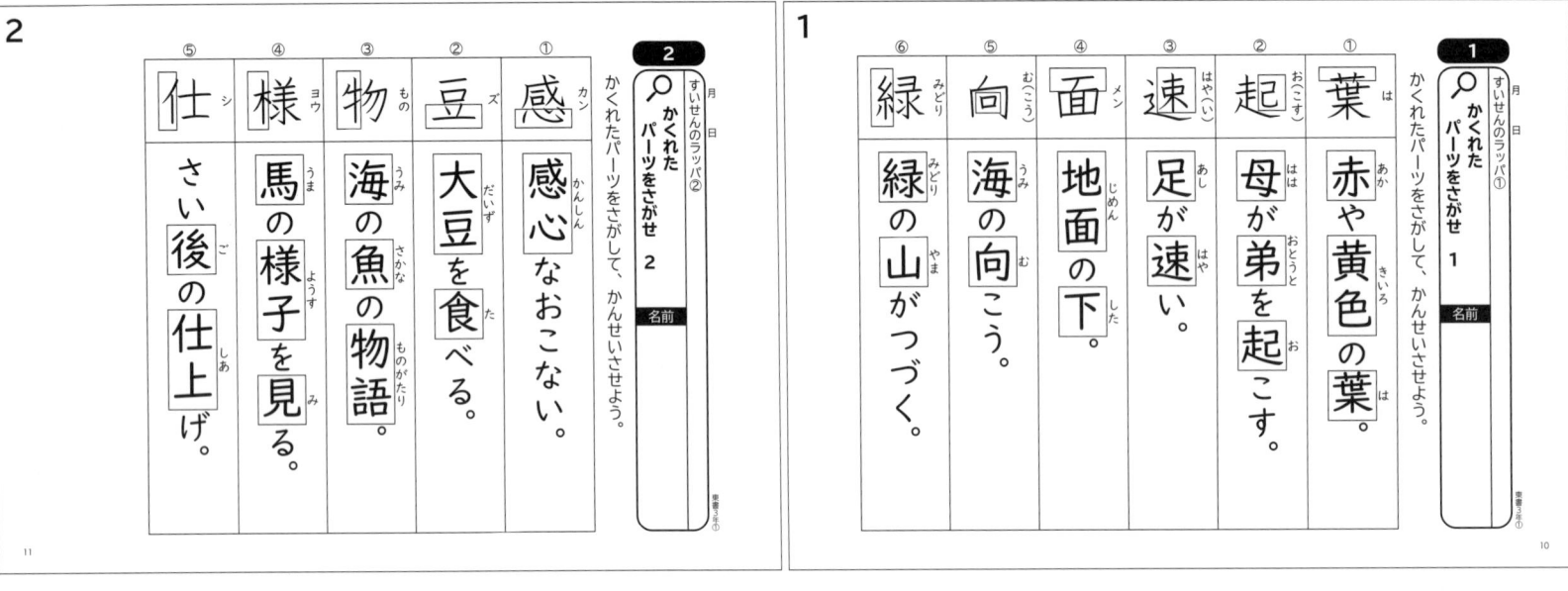

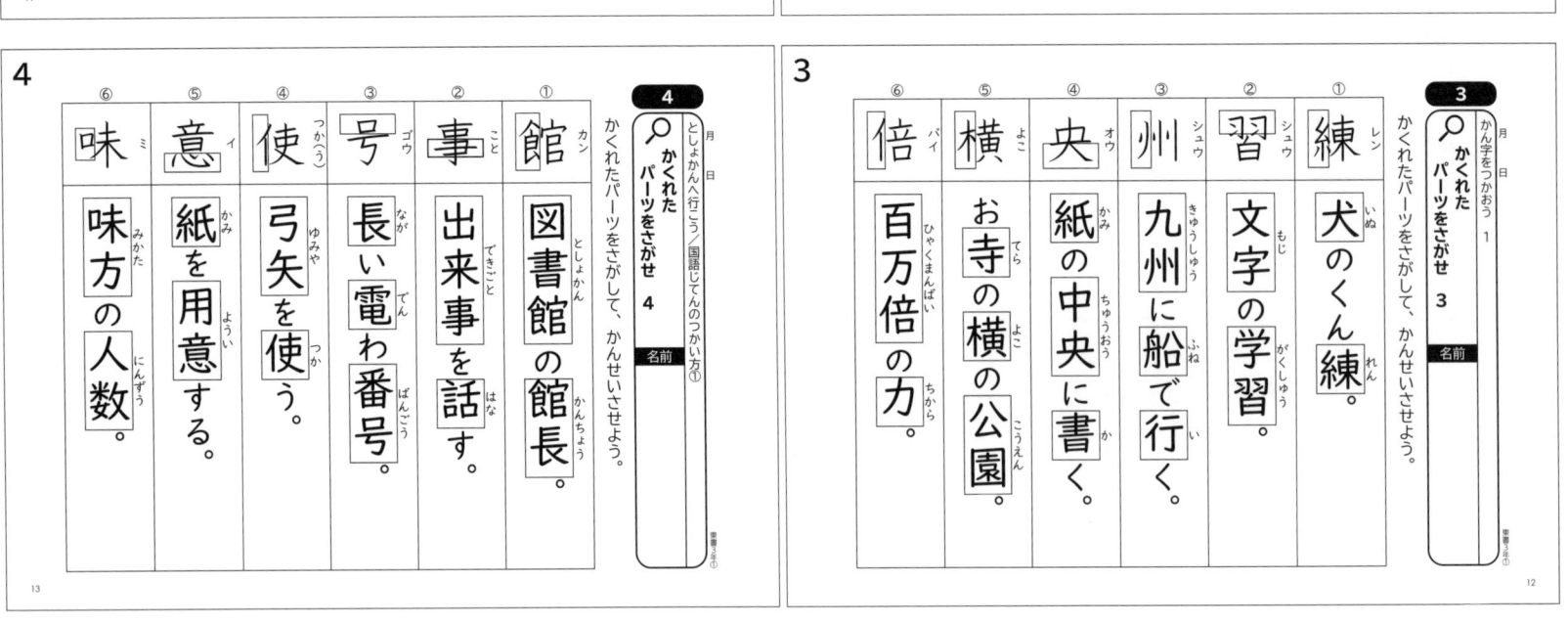

5

月　日

国語じてんの使い方②

かくれたパーツをさがせ　5

名前

かくれたパーツをさがして、かんせいさせよう。

① 漢《カン》　漢字《かんじ》を書《か》く。

② 表《あらわ(す)》　考《かんが》えを書《か》き表《あらわ》す。

③ 調《しら(べる)》　書《か》き方《かた》を調《しら》べる。

④ 柱《はしら》　柱《はしら》を立《た》てる。

⑤ 所《ショ》　広《ひろ》い場所《ばしょ》に立《た》つ。

東書3年①

14

6

月　日

メモをとりながら話を聞こう／自然のかくし絵①

かくれたパーツをさがせ　6

名前

かくれたパーツをさがして、かんせいさせよう。

① 取《と(る)》　先《さき》に点《てん》を取《と》る。

② 局《キョク》　女《おんな》の局長《きょくちょう》。

③ 配《ハイ》　天気《てんき》を心配《しんぱい》する。

④ 住《す(む)》　長年《ながねん》住《す》んだ家《いえ》。

⑤ 身《シン》　身長《しんちょう》をはかる。

⑥ 育《そだ(つ)》　元気《げんき》に育《そだ》つ。

東書3年①

15

7

月　日

自然のかくし絵②

かくれたパーツをさがせ　7

名前

かくれたパーツをさがして、かんせいさせよう。

① 守《まも(る)》　時間《じかん》を守《まも》る。

② 決《き(める)》　行《い》き先《さき》を決《き》める。

③ 動《うご(く)》　大《おお》きな車《くるま》が動《うご》く。

④ 持《も(つ)》　気持《きも》ちを考《かんが》える。

⑤ 問《と(い)》　問《と》いに答《こた》える。

⑥ 題《ダイ》　新《あたら》しい本《ほん》の題名《だいめい》。

東書3年①

16

8

月　日

自然のかくし絵③／漢字を使おう 2①

かくれたパーツをさがせ　8

名前

かくれたパーツをさがして、かんせいさせよう。

① 部《ブ》　一部分《いちぶぶん》を食《た》べる。

② 筆《ふで》　筆《ふで》で書《か》く。

③ 者《もの》　学校《がっこう》の人気者《にんきもの》。

④ 都《ト》　京都《きょうと》のお寺《てら》。

⑤ 氷《こおり》　かき氷《ごおり》を食《た》べる。

⑥ 泳《およ(ぐ)》　池《いけ》で魚《さかな》が泳《およ》ぐ。

東書3年①

17

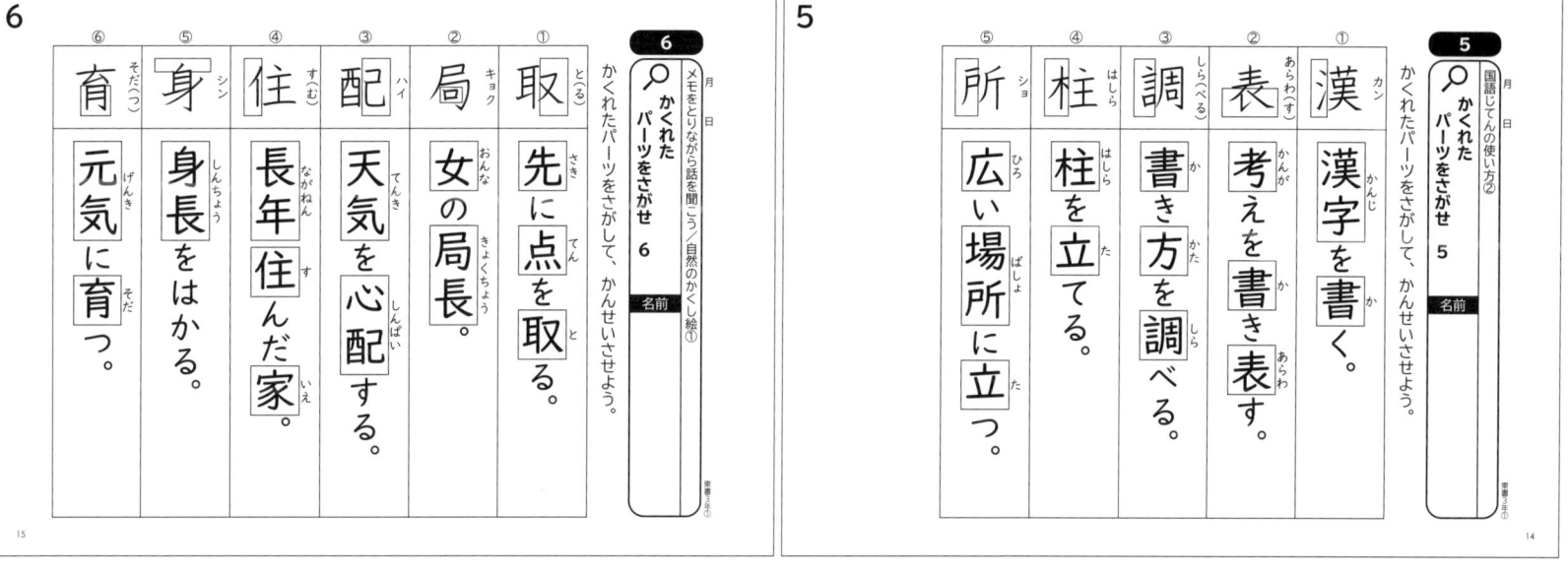

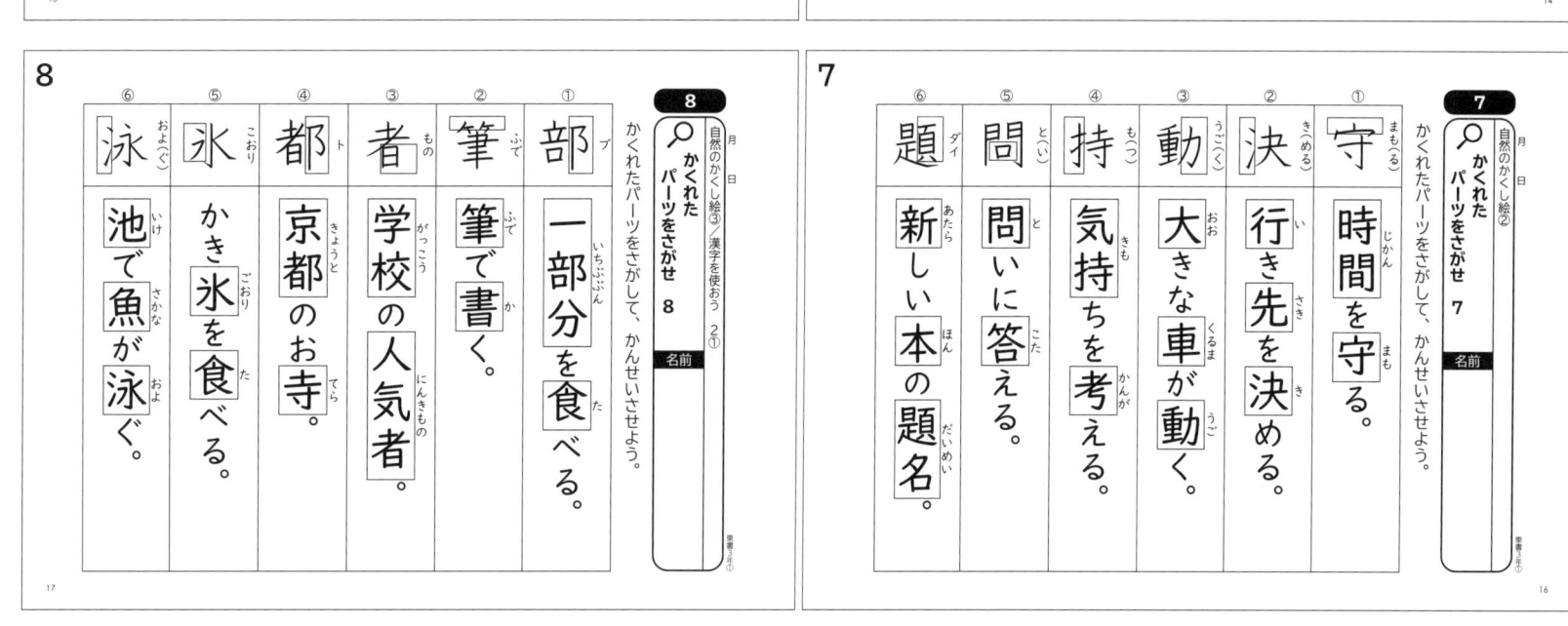

9

漢字を使おう　2②／ぜん体と中心／「わたし」の説明文を書こう①　月　日

かくれたパーツをさがせ　9　名前

かくれたパーツをさがして、かんせいさせよう。

① 有《ユウ》　有名《ゆうめい》な画家《がか》。

② 返《かえ(す)》　本《ほん》を返《かえ》す。

③ 遊《あそ(ぶ)》　公園《こうえん》で遊《あそ》ぶ。

④ 開《ひら(く)》　十時《じゅうじ》に店《みせ》が開《ひら》く。

⑤ 全《ゼン》　全国《ぜんこく》地図《ちず》

⑥ 始《はじ(める)》　歩《ある》き始《はじ》める。

10

「わたし」の説明文をかこう②　月　日

かくれたパーツをさがせ　10　名前

かくれたパーツをさがして、かんせいさせよう。

① 係《かかり》　図書係《としょがかり》になる。

② 世《よ》　世《よ》の中《なか》を知《し》る。

③ 終《お(わる)》　夏休《なつやす》みが終《お》わる。

④ 苦《ク》　苦心《くしん》して作《つく》る。

⑤ 族《ゾク》　五人《ごにん》家族《かぞく》

⑥ 章《ショウ》　文章《ぶんしょう》を書《か》く。

11

漢字の表す意味①　月　日

かくれたパーツをさがせ　11　名前

かくれたパーツをさがして、かんせいさせよう。

① 曲《キョク》　曲線《きょくせん》をえがく。

② 板《いた》　板《いた》を半分《はんぶん》に切《き》る。

③ 品《ヒン》　作品《さくひん》を買《か》う。

④ 皿《さら》　お皿《さら》とお茶《ちゃ》わん。

⑤ 委《イ》　図書《としょ》委員《いいん》

⑥ 員《イン》　会員《かいいん》の名前《なまえ》。

12

漢字の表す意味②／ワニのおじいさんのたから物①　月　日

かくれたパーツをさがせ　12　名前

かくれたパーツをさがして、かんせいさせよう。

① 発《ハツ》　電車《でんしゃ》が発車《はっしゃ》する。

② 島《しま》　たから島《じま》の地図《ちず》。

③ 寒《さむ(い)》　北国《きたぐに》の冬《ふゆ》は寒《さむ》い。

④ 相《あい》　相手《あいて》の話《はなし》を聞《き》く。

⑤ 死《し(ぬ)》　小鳥《ことり》が死《し》んだ。

⑥ 君《きみ》　君《きみ》は親友《しんゆう》だ。

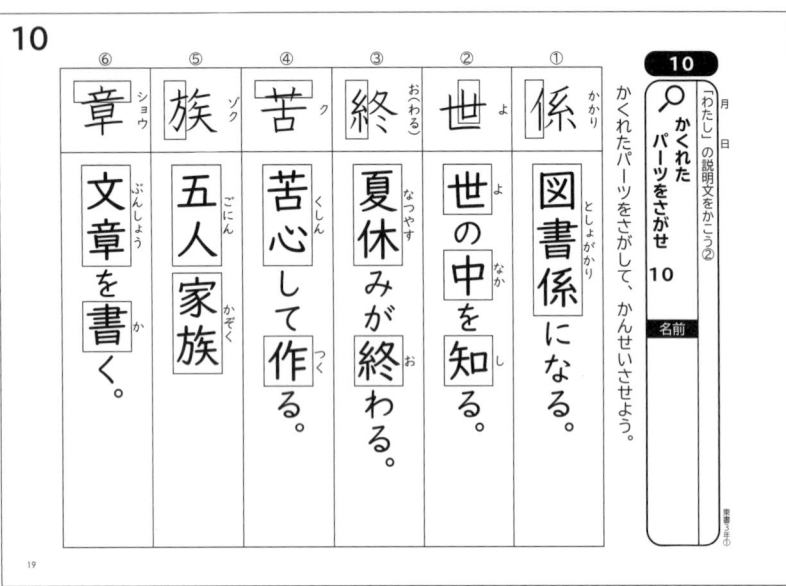

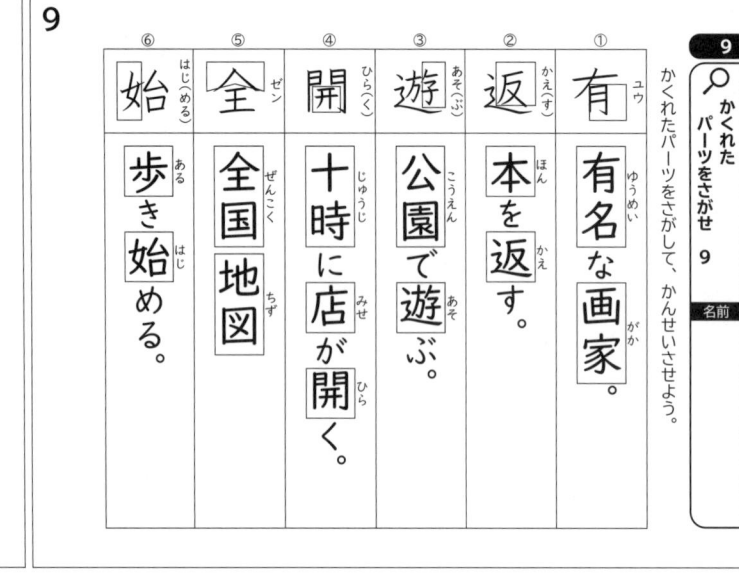

13

13 かくれたパーツをさがせ 13

月　日

ワニのおじいさんのたから物②／漢字を使おう 3①

名前

かくれたパーツをさがして、かんせいさせよう。

① 安《アン》　元気《げんき》で安心《あんしん》した。
② 急《いそ(ぐ)》　学校《がっこう》に急《いそ》ぐ。
③ 橋《はし》　石橋《いしばし》をわたる。
④ 登《トウ》　元気《げんき》に登校《とうこう》する。
⑤ 血《ち》　けがで血《ち》が出《で》る。
⑥ 申《もう(す)》　名前《なまえ》を申《もう》す。

東書3年①

14

14 かくれたパーツをさがせ 14

月　日

漢字を使おう 3②〜「給食だより」をよみくらべよう①

名前

かくれたパーツをさがして、かんせいさせよう。

① 由《ユウ》　自由《じゆう》に絵《え》をかく。
② 想《ソウ》　楽《たの》しい空想《くうそう》。
③ 詩《シ》　詩《し》を読《よ》む。
④ 集《あつ(める)》　貝《かい》がらを集《あつ》める。
⑤ 次《つぎ》　次《つぎ》の電車《でんしゃ》が来《く》る。
⑥ 暑《あつ(い)》　南《みなみ》の国《くに》は暑《あつ》い。

東書3年①

15

15 かくれたパーツをさがせ 15

月　日

「給食だより」を読みくらべよう②

名前

かくれたパーツをさがして、かんせいさせよう。

① 業《ギョウ》　組《く》み立《た》て作業《さぎょう》。
② 実《み》　草《くさ》の実《み》。
③ 農《ノウ》　りんご農家《のうか》。
④ 命《いのち》　命《いのち》を大切《たいせつ》にする。
⑤ 写《うつ(す)》　お手本《てほん》を写《うつ》す。

東書3年①

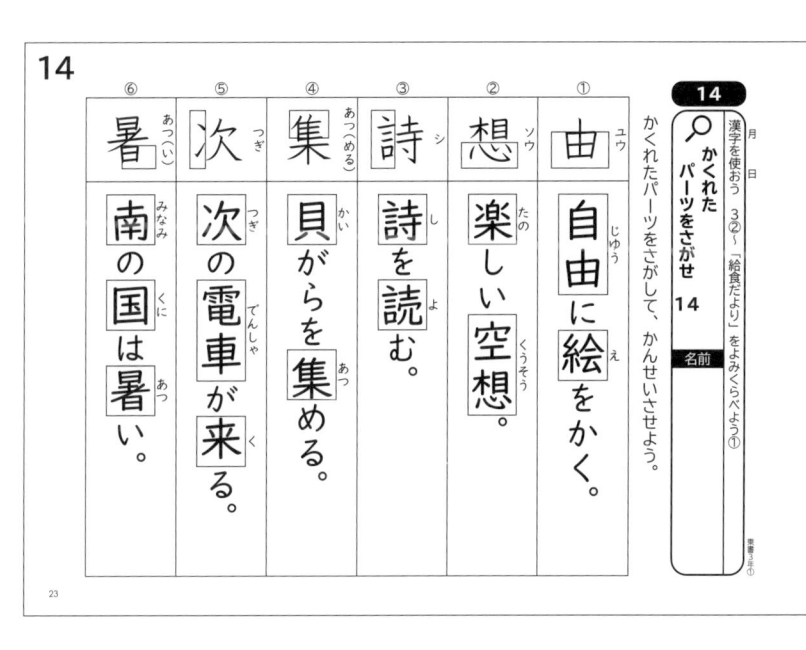

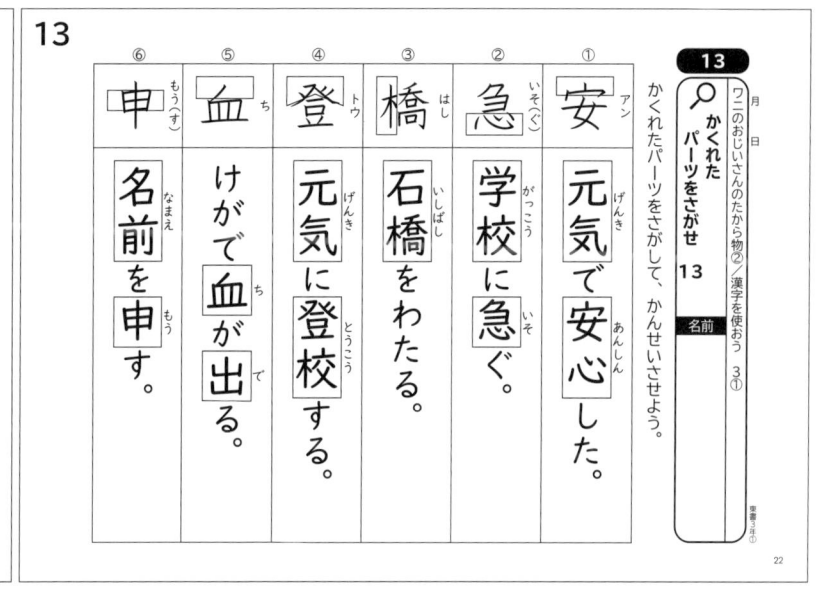

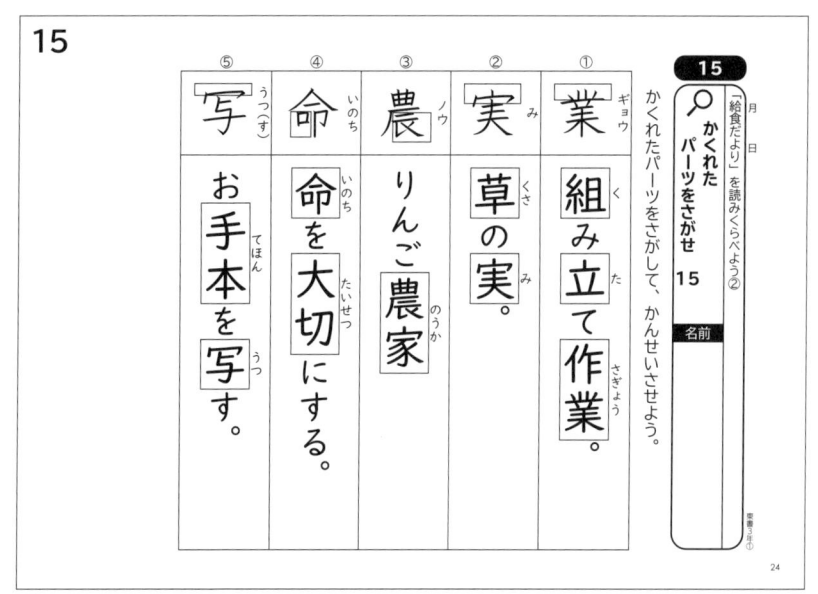

16

16 かん字足し算 1

すいせんのラッパ①

月　日　名前

かん字の足し算をしよう。

*答えのかん字でことばを作ろう。

① 艹＋世＋木＝葉 → 言葉
② 走＋己＝起 → 早起き
③ 東＋辶＝速 → 時速
④ 丆＋冂＋目＋一＝面 → 場面
⑤ ノ＋冂＋口＝向 → 方向
⑥ 糸＋ヨ＋水＝緑 → 緑茶
⑦ 咸＋心＝感 → 感心
⑧ 一＋口＋䒑＝豆 → 黒豆

東書3年②

25

17

17 かん字足し算 2

すいせんのラッパ②／かん字をつかおう 1①

月　日　名前

かん字の足し算をしよう。

*答えのかん字でことばを作ろう。

① 牛＋勿＝物 → 人物
② 木＋丷＋三＋水＝様 → 王様
③ 亻＋士＝仕 → 仕組み
④ 糸＋東＝練 → 練習
⑤ 羽＋白＝習 → 習字
⑥ 刂＋丨＋丨＝州 → 本州
⑦ 冂＋大＝央 → 中央
⑧ 木＋廿＋由＋八＝横 → 横顔

東書3年②

26

18

18 かん字足し算 3

かん字をつかおう 1②／図書かんへ行こう／国語じてんのつかい方①

月　日　名前

かん字の足し算をしよう。

*答えのかん字でことばを作ろう。

① 亻＋立＋口＝倍 → 十倍
② 飠＋宀＋㠯＝館 → 古い館
③ 一＋口＋ヨ＋亅＝事 → 工事
④ 口＋一＋丂＝号 → 記号
⑤ 亻＋一＋口＋人＝使 → 天使
⑥ 立＋日＋心＝意 → 用意
⑦ 口＋未＝味 → 味見
⑧ 氵＋艹＋口＋夫＝漢 → 漢字

東書3年②

27

19

19 かん字足し算 4

国語じてんの使い方②／メモをとりながら話を聞こう

月　日　名前

かん字の足し算をしよう。

*答えのかん字でことばを作ろう。

① 龶＋𧘇＝表 → 表紙
② 言＋冂＋土＋口＝調 → 調理
③ 木＋丶＋王＝柱 → 電柱
④ 戸＋斤＝所 → 台所
⑤ 耳＋又＝取 → 先取点
⑥ 尸＋フ＋口＝局 → 局長
⑦ 酉＋己＝配 → 心配
⑧ 亻＋丶＋王＝住 → 住人

東書3年②

28

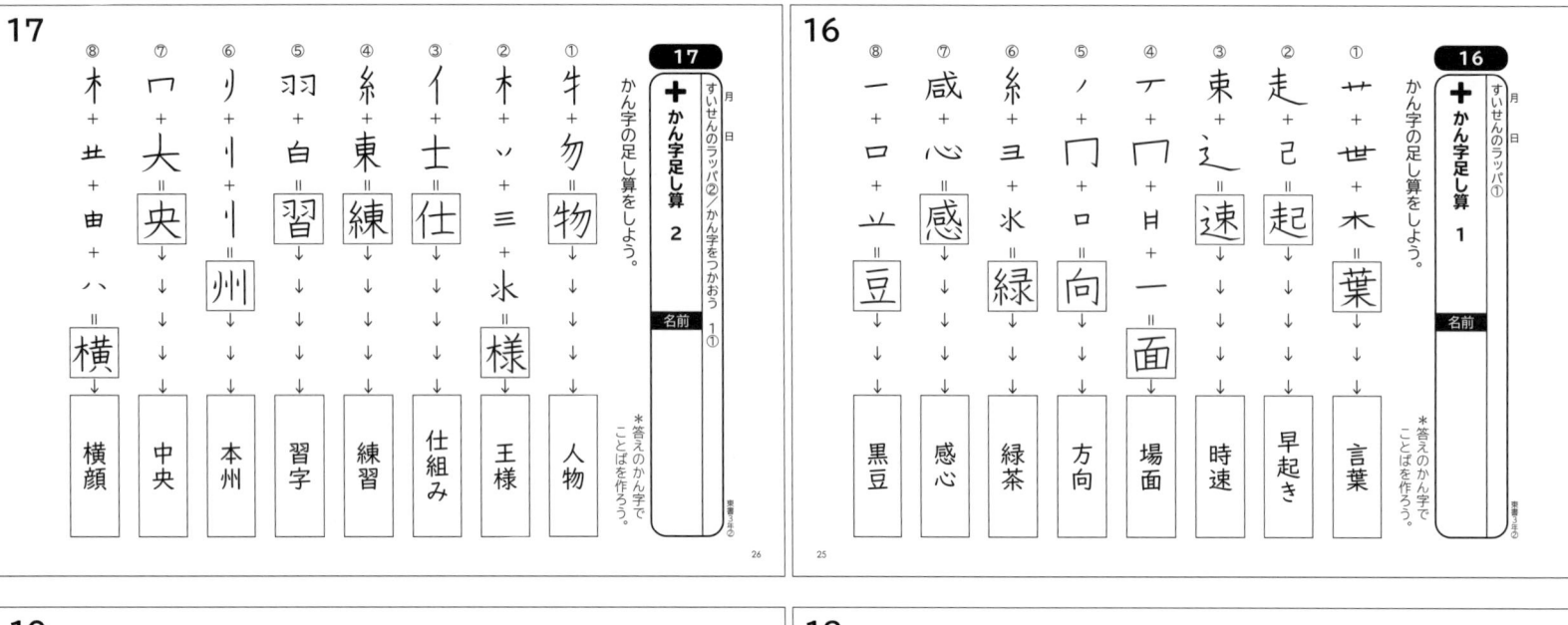

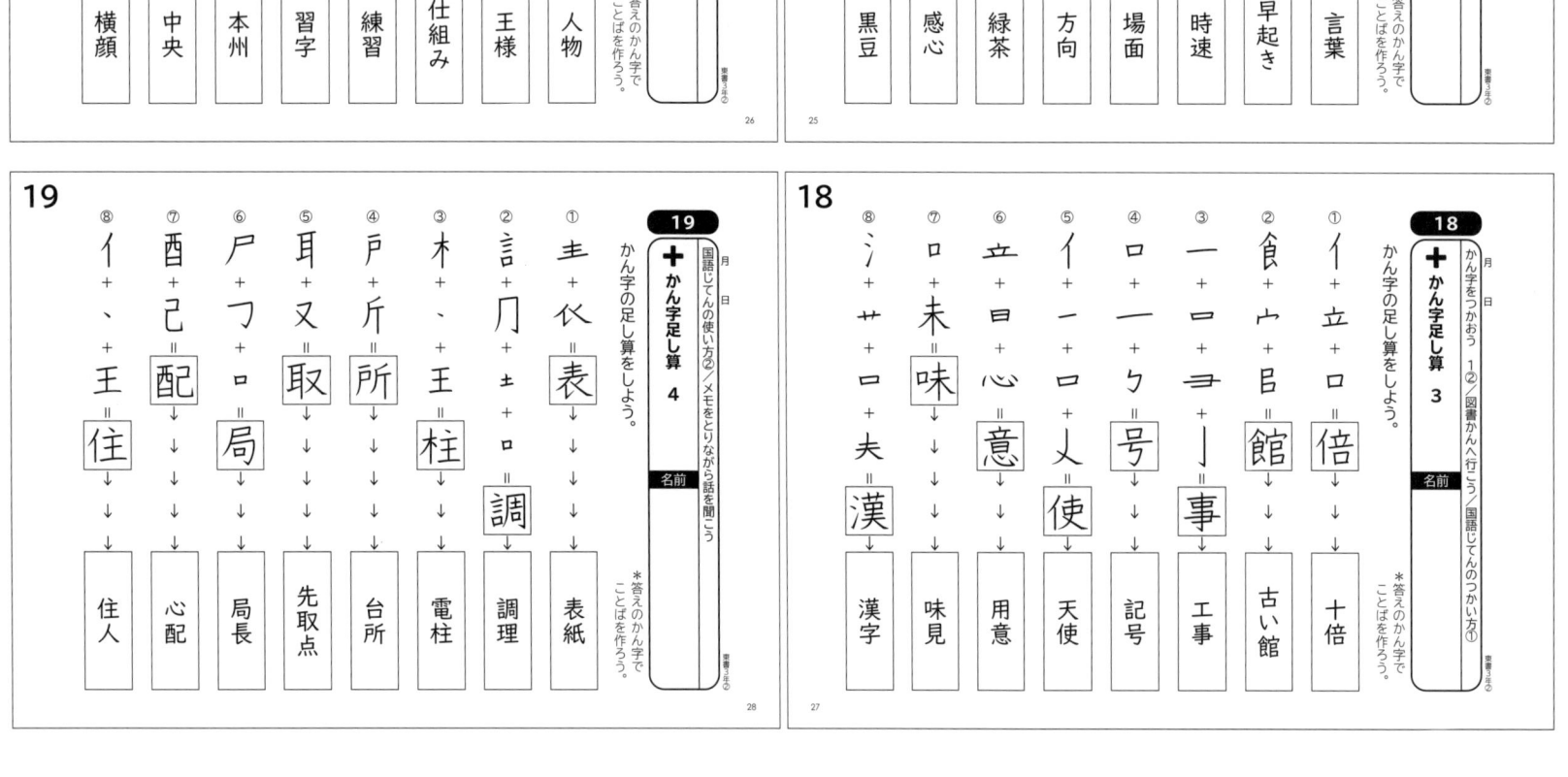

20

月　日

自然のかくし絵①

＋かん字足し算　5

名前

かん字の足し算をしよう。

＊答えのかん字でことばを作ろう。

- ① ノ＋月＋ノ＝身 → 中身
- ② 亠＋厶＋月＝育 → 体育
- ③ 宀＋寸＝守 → 守る
- ④ 氵＋コ＋人＝決 → 決心
- ⑤ 重＋力＝動 → 自動車
- ⑥ 扌＋土＋寸＝持 → 気持ち
- ⑦ 門＋口＝問 → 学問
- ⑧ 日＋疋＋頁＝題 → 話題

東書3年②

29

21

月　日

自然のかくし絵②／漢字を使おう　2①

＋かん字足し算　6

名前

かん字の足し算をしよう。

＊答えのかん字でことばを作ろう。

- ① 立＋口＋阝＝部 → 部分
- ② ⺮＋⺕＋二＋｜＝筆 → 筆記
- ③ 土＋ノ＋日＝者 → 作者
- ④ 土＋ノ＋日＋阝＝都 → 都会
- ⑤ ｜＋、＋フく＝氷 → 氷水
- ⑥ 氵＋、＋永＝泳 → 水泳
- ⑦ ノ＋一＋月＝有 → 有名
- ⑧ 厂＋又＋辶＝返 → 返金

東書3年②

30

22

月　日

漢字を使おう　2②／ぜん体と中心／「わたし」の説明文を書こう①

＋かん字足し算　7

名前

かん字の足し算をしよう。

＊答えのかん字でことばを作ろう。

- ① 方＋𠂉＋子＋辶＝遊 → 遊園地
- ② 門＋开＝開 → 開校
- ③ 人＋王＝全 → 全体
- ④ 女＋厶＋口＝始 → 年始
- ⑤ 亻＋ノ＋糸＝係 → 図書係
- ⑥ 一＋凵＋L＝世 → 世話
- ⑦ 糸＋夂＋冫＝終 → 終点
- ⑧ 艹＋十＋口＝苦 → 苦手

東書3年②

31

23

月　日

「わたし」の説明文を書こう②／漢字の表す意味①

＋かん字足し算　8

名前

かん字の足し算をしよう。

＊答えのかん字でことばを作ろう。

- ① 方＋𠂉＋矢＝族 → 家族
- ② 立＋日＋十＝章 → 文章
- ③ 冂＋一＋一＝曲 → 曲線
- ④ 木＋厂＋又＝板 → 黒板
- ⑤ 口＋口＋口＝品 → 作品
- ⑥ 皿＋一＝皿 → 大皿
- ⑦ 禾＋女＝委 → 委員
- ⑧ 口＋目＋八＝員 → 会員

東書3年②

32

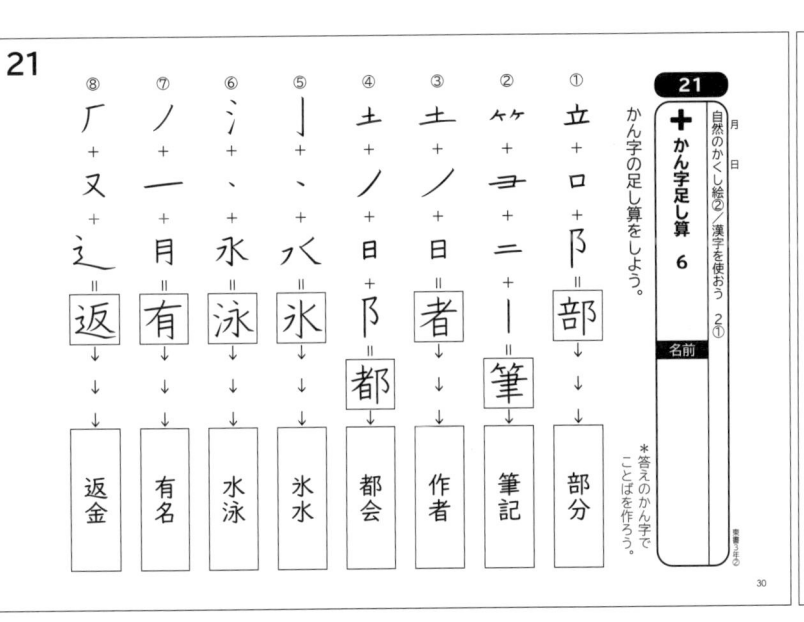

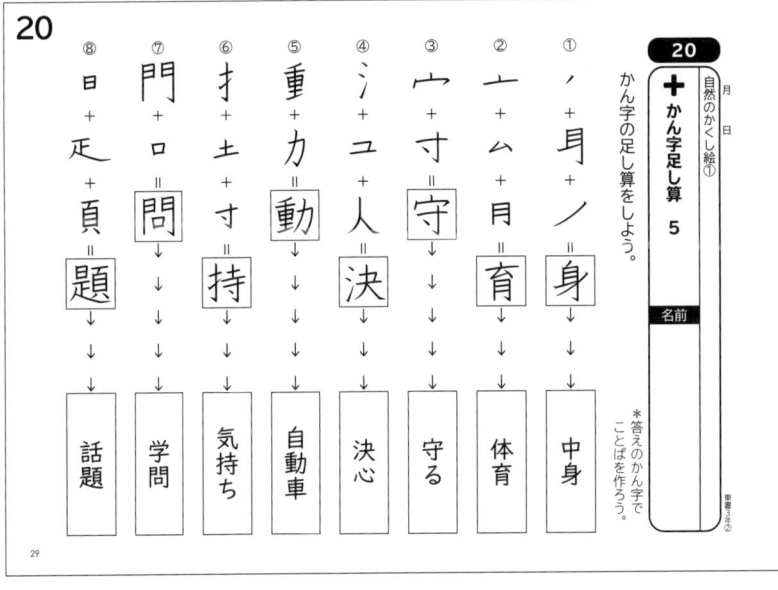

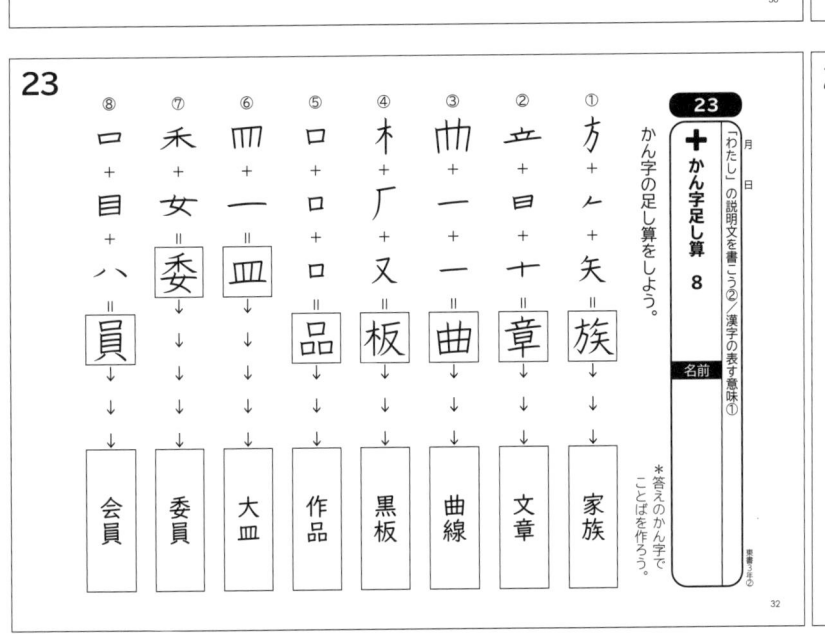

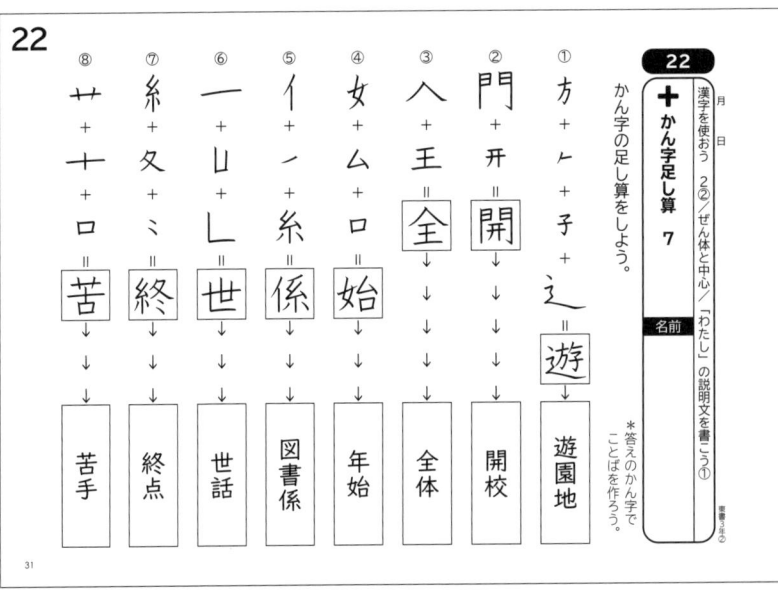

24

かん字足し算 9

漢字の表す意味②／ワニのおじいさんのたから物①

月　日

名前

かん字の足し算をしよう。

＊答えのかん字でことばを作ろう。

① 癶＋二＋儿＝発→発車
② 自＋乛＋山＝島→半島
③ 宀＋井＋八＋⺀＝寒→寒空
④ 木＋目＝相→手相
⑤ 一＋夕＋匕＝死→生死
⑥ ヨ＋ノ＋口＝君→君たち
⑦ 宀＋女＝安→安全
⑧ ク＋ヨ＋心＝急→急用

東書3年②

33

25

かん字足し算 10

ワニのおじいさんのたから物②～心が動いたことをしで表そう

月　日

名前

かん字の足し算をしよう。

＊答えのかん字でことばを作ろう。

① 木＋呑＋冂＋口＝橋→石橋
② 癶＋一＋口＋䒑＝登→登場
③ ノ＋皿＝血→血えき
④ 日＋丨＝申（別解 由）→申し出
⑤ 冂＋土＝由→理由
⑥ 木＋目＋心＝想→理想
⑦ 言＋土＋寸＝詩→作詩
⑧ 隹＋木＝集→集中

東書3年②

34

26

かん字足し算 11

「給食だより」を読みくらべよう

月　日

名前

かん字の足し算をしよう。

＊答えのかん字でことばを作ろう。

① 冫＋欠＝次→次回
② 日＋耂＋日＝暑→暑い
③ 业＋䒑＋木＝業→工業
④ 宀＋三＋人＝実→実る
⑤ 曲＋厂＋𧘇＝農→農家
⑥ 人＋一＋口＋卩＝命→生命
⑦ 冖＋与＋一＝写→書写

東書3年②

35

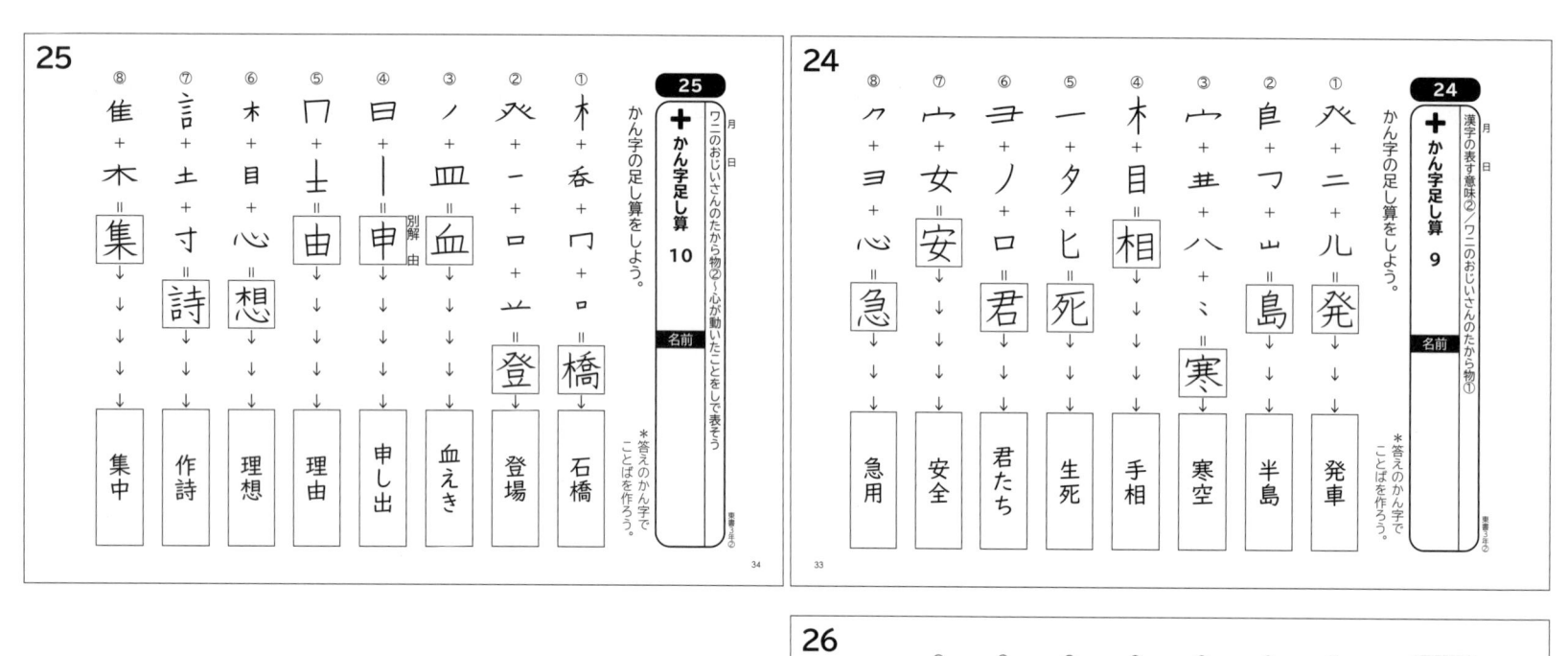

27

27 月　日　すいせんのラッパ

足りないのはどこ（形をよく見て）1

名前

東書3年③

足りないところを見つけて、正しく書こう。

① 言葉《ことば》 → 言葉
② 早起《はやお》き → 早起き
③ 時速《じそく》 → 時速
④ 場面《ばめん》 → 場面
⑤ 方向《ほうこう》 → 方向
⑥ 緑茶《りょくちゃ》 → 緑茶
⑦ 感心《かんしん》 → 感心
⑧ 黒豆《くろまめ》 → 黒豆
⑨ 人物《じんぶつ》 → 人物
⑩ 王様《おうさま》 → 王様
⑪ 仕組《しく》み → 仕組み

36

28

28 月　日　かんじをつかおう 1／図書かんへ行こう／国語じてんのつかい方①

足りないのはどこ（形をよく見て）2

名前

東書3年③

足りないところを見つけて、正しく書こう。

① 練習《れんしゅう》 → 練習
② 本州《ほんしゅう》 → 本州
③ 中央《ちゅうおう》 → 中央
④ 横顔《よこがお》 → 横顔
⑤ 十倍《じゅうばい》 → 十倍
⑥ 古《ふる》い館《やかた》 → 古い館
⑦ 工事《こうじ》 → 工事
⑧ 記号《きごう》 → 記号
⑨ 天使《てんし》 → 天使
⑩ 意味《いみ》 → 意味
⑪ 漢字《かんじ》 → 漢字
⑫ 表紙《ひょうし》 → 表紙

37

29

29 月　日　国語じてんの使い方②／メモをとりながら話を聞こう／し然のかくし絵①

足りないのはどこ（形をよく見て）3

名前

東書3年③

足りないところを見つけて、正しく書こう。

① 調理《ちょうり》 → 調理
② 電柱《でんちゅう》 → 電柱
③ 台所《だいどころ》 → 台所
④ 先取点《せんしゅてん》 → 先取点
⑤ 局長《きょくちょう》 → 局長
⑥ 心配《しんぱい》 → 心配
⑦ 住人《じゅうにん》 → 住人
⑧ 中身《なかみ》 → 中身
⑨ 体育《たいいく》 → 体育
⑩ 守《まも》る → 守る
⑪ 決心《けっしん》 → 決心
⑫ 自動車《じどうしゃ》 → 自動車

38

30

30 月　日　自然のかくし絵②／漢字を使おう 2／ぜんたいと中心

足りないのはどこ（形をよく見て）4

名前

東書3年③

足りないところを見つけて、正しく書こう。

① 気持《きも》ち → 気持ち
② 問題《もんだい》 → 問題
③ 部分《ぶぶん》 → 部分
④ 筆者《ひっしゃ》 → 筆者
⑤ 都会《とかい》 → 都会
⑥ 氷水《こおりみず》 → 氷水
⑦ 水泳《すいえい》 → 水泳
⑧ 有名《ゆうめい》 → 有名
⑨ 返金《へんきん》 → 返金
⑩ 遊園地《ゆうえんち》 → 遊園地
⑪ 開校《かいこう》 → 開校
⑫ 全体《ぜんたい》 → 全体

39

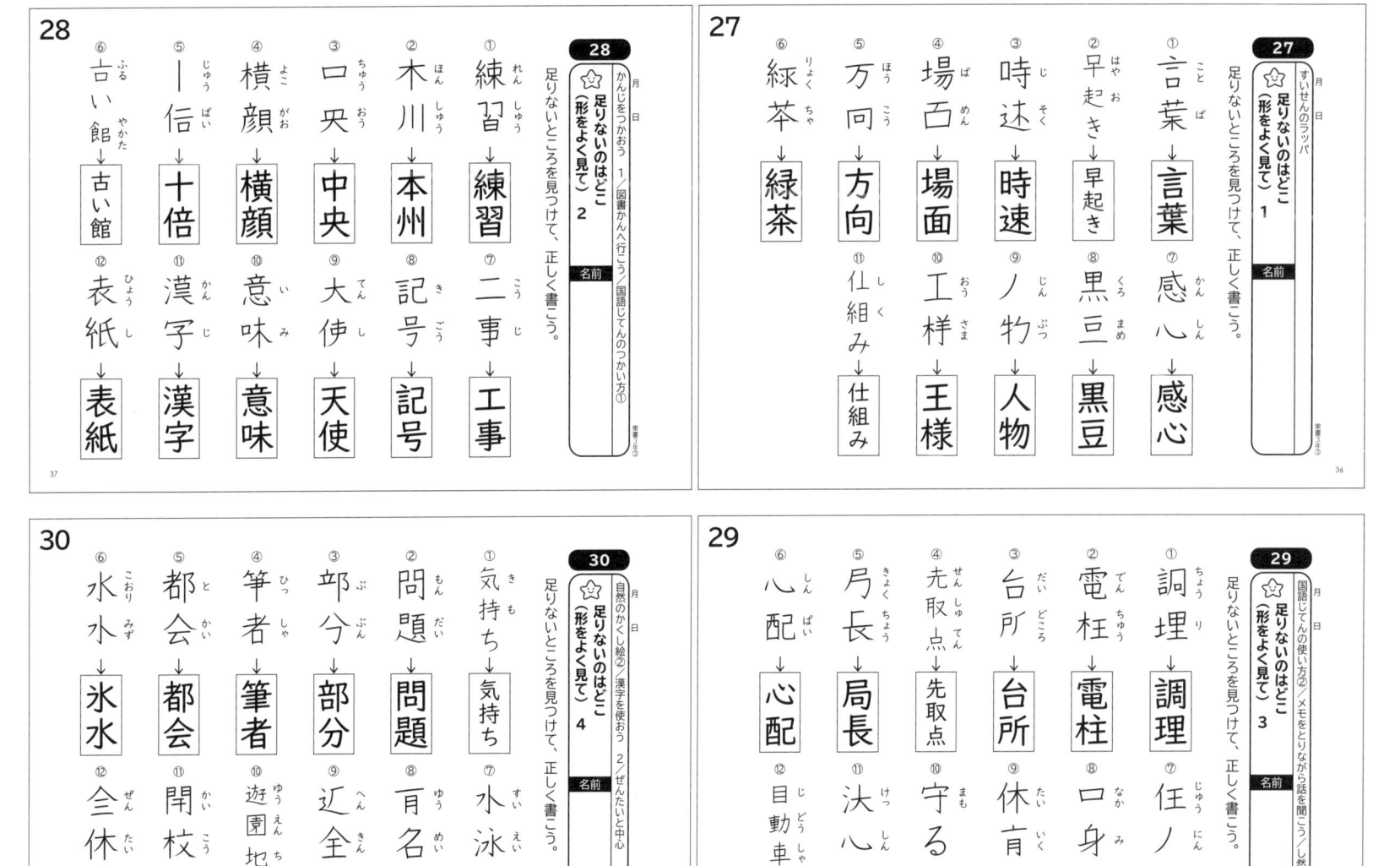

31

31

月　日

「わたし」の説明ぶんをかこう／漢字の表す意味①

足りないのはどこ（形をよく見て）5

名前

足りないところを見つけて、正しく書こう。

① 年《ねん》如《し》→年始

② 図《と》書《しょ》係《かかり》→図書係

③ 世《せ》詁《わ》→世話

④ 終《しゅう》点《てん》→終点

⑤ 苦《にが》手《て》→苦手

⑥ 家《か》族《ぞく》→家族

⑦ 文《ぶん》章《しょう》→文章

⑧ 曰《きょく》線《せん》→曲線

⑨ 黒《こく》权《ばん》→黒板

⑩ 作《さく》品《ひん》→作品

⑪ 人《おお》口《ざら》→大皿

⑫ 委《い》員《いん》→委員

32

32

月　日

漢字の表す意味②／ワニのおじいさんのたから物／漢字を使おう3①

足りないのはどこ（形をよく見て）6

名前

足りないところを見つけて、正しく書こう。

① 発《はっ》車《しゃ》→発車

② 半《はん》島《とう》→半島

③ 寒《さむ》宐《ぞら》→寒空

④ 于《て》和《そう》→手相

⑤ 主《せい》死《し》→生死

⑥ 言《きみ》たち→君たち

⑦ 安《あん》全《ぜん》→安全

⑧ 急《きゅう》月《よう》→急用

⑨ 石《いし》橋《ばし》→石橋

⑩ 登《とう》場《じょう》→登場

⑪ 白《けつ》えき→血えき

⑫ 日《もう》し出《で》→申し出

33

33

月　日

漢字を使おう3②〜「給食だより」を読みくらべよう

足りないのはどこ（形をよく見て）7

名前

足りないところを見つけて、正しく書こう。

① 埋《り》日《ゆう》→理由

② 埋《り》想《そう》→理想

③ 作《さく》詩《し》→作詩

④ 集《しゅう》口《ちゅう》→集中

⑤ 次《じ》口《かい》→次回

⑥ 暑《あつ》い→暑い

⑦ 二《こう》業《ぎょう》→工業

⑧ 実《みの》る→実る

⑨ 農《のう》家《か》→農家

⑩ 主《せい》合《めい》→生命

⑪ 書《しょ》写《しゃ》→書写

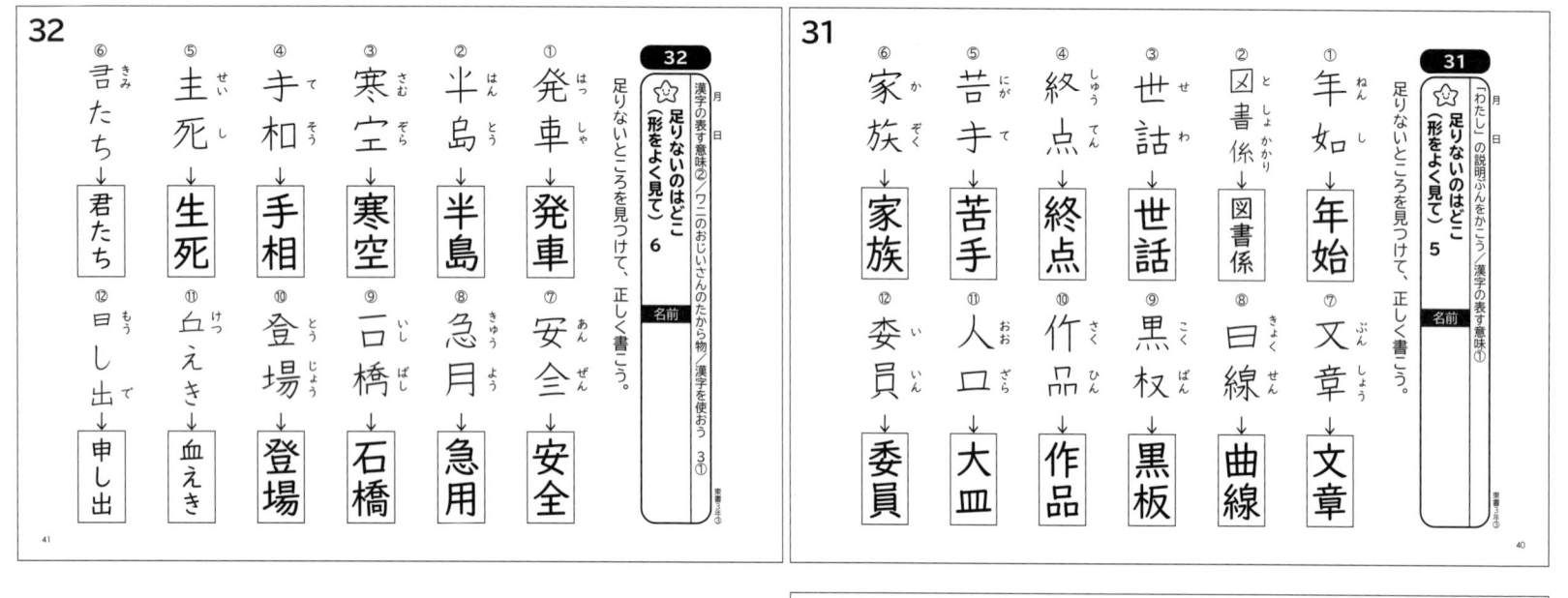

34

34 すいせんのラッパ①
かん字を入れよう 1
月 日 名前
東書3年④

文を読んで、ぴったりのかん字を入れよう。

① 秋になると、木の葉が、赤や黄色に色づく。
② 今日は遠足なので、早起きをした。
③ 新かん線は、スピードが速くてべんりだ。
④ ありは、地面の下に、すを作る。
⑤ 左を見てから、右を向いてください。
⑥ 秋には、緑色の山が、赤や黄色に色づきます。
⑦ 本を読んで、感そう文を書く。
⑧「おには外、ふくは内。」と、豆まきをする。

ヒント 緑 豆 感 向 速 葉 面 起

43

35

35 すいせんのラッパ②／かん字をつかおう 1①
かん字を入れよう 2
月 日 名前
東書3年④

文を読んで、ぴったりのかん字を入れよう。

① かなしい物語を読んで、なみだが出た。
② どろぼうが、あたりの様子をうかがう。
③ 工作の、さい後の仕上げをする。
④ 一りん車の練しゅうをしていて、ころんだ。
⑤ 新しいかん字を、二つ習いました。
⑥ 台風は、九州地方に、よく上りくする。
⑦ ステージのちょうど中央に立つ。
⑧ つかれたので、ベッドで横になる。

ヒント 仕 央 物 練 州 横 様 習

44

36

36 かん字をつかおう 1②／図書かんへ行こう／国語じてんのつかい方①
かん字を入れよう 3
月 日 名前
東書3年④

文を読んで、ぴったりのかん字を入れよう。

① このひもは、こちらの二倍の長さがある。
② 休みの日に、図書館で本をかりる。
③ この先で、道ろ工事をしている。
④ 家の電わ番号をわすれてしまった。
⑤「星空」ということばを使って、文を書く。
⑥ 大そうじは、意外にたいへんだった。
⑦ お母さんが、りょう理の味をみる。
⑧ きのうの漢字テストは、百点だった。

ヒント 味 館 倍 事 号 意 使 漢

45

37

37 国語じてんの使い方②／メモをとりながら話を聞こう
かん字を入れよう 4
月 日 名前
東書3年④

文を読んで、ぴったりのかん字を入れよう。

① 紙のうらと表に、ちがう絵をかく。
② 日曜日の天気を調べてみよう。
③ 車が電柱にぶつかって、止まった。
④ そこは、けしきがきれいな場所だった。
⑤ かばんから、本を取り出して見せた。
⑥ はがきを買いに、ゆうびん局に行く。
⑦ 遠足のしおりが、みんなに配られた。
⑧ おじいさんは、古い家に住んでいます。

ヒント 柱 住 取 調 表 配 所 局

46

38

38 月 日

自然のかくし絵①

かん字を入れよう 5

名前

文を読んで、ぴったりのかん字を入れよう。

① ほけん室で、身長と体じゅうを計った。
② 家で、かわいい子犬を育てている。
③ かならず、やくそくを守ってください。
④ せきがえをして、新しいせきを決めた。
⑤ しん号がかわって、車が動き出した。
⑥ りょう手に、大きなかばんを持って歩く。
⑦ もんだいの、問いに答えましょう。
⑧ 作文のはじめには、まず題名を書く。

ヒント　題　決　育　問　身　動　守　持

東書3年④

47

39

39 月 日

自然のかくし絵②／漢字を使おう 2①

かん字を入れよう 6

名前

文を読んで、ぴったりのかん字を入れよう。

① 中学校のクラブは、サッカー部に入りたい。
② えんぴつを三本、筆ばこに入れる。
③ あの子は、クラスの人気者です。
④ ならや、京都には、古いお寺が多い。
⑤ 夏に食べるかき氷は、つめたくておいしい。
⑥ 水そうで、ジンベイザメが泳いでいる。
⑦ あの人は、とても有名な人だ。
⑧ 友だちに、かりたおもちゃを返した。

ヒント　返　有　部　氷　者　筆　都　泳

東書3年④

48

40

40 月 日

漢字を使おう 2②／ぜん体と中心／「わたし」の説明文を書こう①

かん字を入れよう 7

名前

文を読んで、ぴったりのかん字を入れよう。

① ぼくは、きのう、公園で遊びました。
② エレベーターのドアが開きました。
③ この町のことを全く知りません。
④ 今日から、新しいアニメが始まる。
⑤ 本がすきなので、図書係になりたい。
⑥ かっている犬の世話を、毎日する。
⑦ 一週間かかって、本を読み終えた。
⑧ いっしょうけんめい走って、いきが苦しい。

ヒント　始　世　苦　遊　開　終　係　全

東書3年④

49

41

41 月 日

「わたし」の説明文を書こう②／漢字の表す意味①

かん字を入れよう 8

名前

文を読んで、ぴったりのかん字を入れよう。

① ぼくの家は、五人家族です。
② 読む人に、分かりやすい文章を書く。
③ 道が曲がっているので、ハンドルを切った。
④ 先生が、チョークで、黒板に字を書く。
⑤ トランプで、手品をやって見せる。
⑥ 夕食の後、かたづけの皿あらいをした。
⑦ 兄は、ほうそう委いんをしている。
⑧ あのレストランの店員は、とても親切だ。

ヒント　板　委　皿　品　員　章　曲　族

東書3年④

50

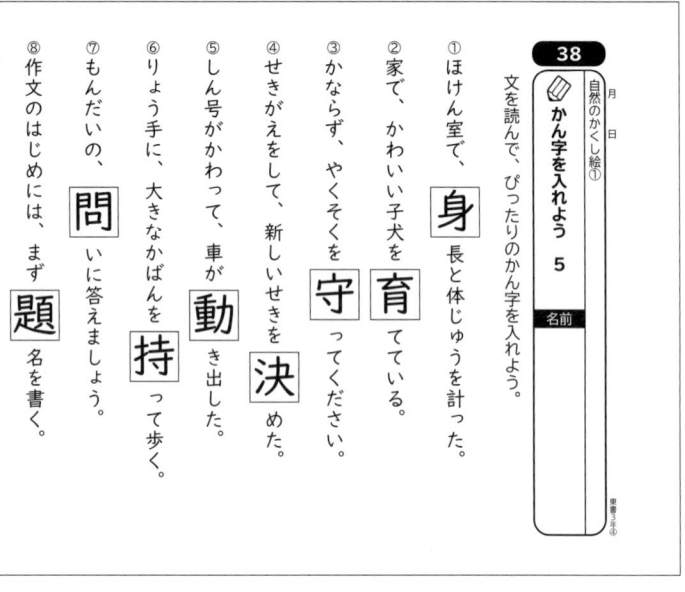

42

42

かん字を入れよう 9

漢字の表す意味②／ワニのおじいさんのたから物①

月　日

名前

東書3年④

文を読んで、ぴったりのかん字を入れよう。

①時間がきて、電車が**発**車します。

②とうとう、たから**島**の地図を手に入れた。

③北国の冬の朝は、とても**寒**い。

④おばあさんの話し**相**手になる。

⑤クラスでかっていたメダカが**死**んでしまった。

⑥ぼくが終わって、つぎは**君**の番です。

⑦あの店は、ねだんが**安**くておいしい。

⑧おくれそうなので、**急**いで学校に行く。

ヒント　島　死　寒　安　急　発　相　君

51

43

43

かん字を入れよう 10

ワニのおじいさんのたから物②～心が動いたことをしで表そう

月　日

名前

東書3年④

文を読んで、ぴったりのかん字を入れよう。

①川には、古いつり**橋**がかかっている。

②サルが、高い木に**登**っている。

③ころんで、足にけがをして、**血**が出た。

④スポーツクラブへ、入会を**申**しこむ。

⑤すきな色で、自**由**にかきましょう。

⑥みらいの世かいを、空**想**して、絵をかく。

⑦有名な人の**詩**を、ろう読する。

⑧たくさんの人が公園に**集**まっています。

ヒント　詩　血　申　想　登　橋　集　由

52

44

44

かん字を入れよう 11

「給食だより」を読みくらべよう

月　日

名前

東書3年④

文を読んで、ぴったりのかん字を入れよう。

①のりおくれたので、**次**の電車をまちました。

②今年の夏は、とても**暑**くなりそうだ。

③ロボットが、組み立ての作**業**をする。

④秋になると、木の**実**がたくさんなる。

⑤お米を作る**農**家の人の話を聞く。

⑥今日、新しい**命**が生まれました。

⑦お手本を、ていねいに**写**しましょう。

ヒント　業　命　暑　次　実　写　農

53

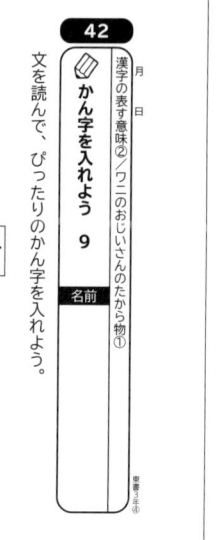

2学期の答え 45〜48

45

45 慣用句を使おう／グループの合い言葉を決めよう①

月　日

かくれたパーツをさがせ 16

名前

かくれたパーツをさがして、かんせいさせよう。

① 助《ジョ》　助言《じょげん》をうける。

② 落《お(とす)》　川《かわ》に石《いし》を落《お》とす。

③ 進《すす(む)》　少《すこ》し前《まえ》へ進《すす》む。

④ 役《ヤク》　後《あと》で役立《やくだ》つ。

⑤ 負《ま(ける)》　強《つよ》い人《ひと》が負《ま》ける。

⑥ 勝《か(つ)》　弱《よわ》い人《ひと》が勝《か》つ。

東書3年①

46

46 グループの合い言葉を決めよう②／漢字を使おう　4①

月　日

かくれたパーツをさがせ 17

名前

かくれたパーツをさがして、かんせいさせよう。

① 区《ク》　話《はなし》の区切《くぎ》り。

② 県《ケン》　県名《けんめい》を書《か》く。

③ 丁《チョウ》　五丁目《ごちょうめ》の市場《いちば》。

④ 屋《オク》　学校《がっこう》の屋上《おくじょう》。

⑤ 根《ね》　木《き》の根元《ねもと》を切《き》る。

⑥ 投《な(げる)》　雪《ゆき》の玉《たま》を投《な》げる。

東書3年①

47

47 漢字を使おう　4②〜サーカスのライオン①

月　日

かくれたパーツをさがせ 18

名前

かくれたパーツをさがして、かんせいさせよう。

① 球《キュウ》　地球上《ちきゅうじょう》の国《くに》。

② 打《う(つ)》　打《う》ち上《あ》げ花火《はなび》。

③ 主《シュ》　お話《はなし》の主人公《しゅじんこう》。

④ 化《カ》　文化《ぶんか》の日《ひ》。

⑤ 鉄《テツ》　地《ち》か鉄《てつ》の入《い》り口《ぐち》。

⑥ 真《ま》　真夜中《まよなか》の公園《こうえん》。

東書3年①

48

48 サーカスのライオン②

月　日

かくれたパーツをさがせ 19

名前

かくれたパーツをさがして、かんせいさせよう。

① 客《キャク》　客室《きゃくしつ》のそうじ。

② 着《き(る)》　上着《うわぎ》を着《き》る。

③ 送《おく(る)》　友《とも》だちを送《おく》る。

④ 院《イン》　けがで入院《にゅういん》する。

⑤ 皮《かわ》　毛皮《けがわ》を買《か》う。

⑥ 受《う(ける)》　雪《ゆき》を手《て》で受《う》ける。

東書3年①

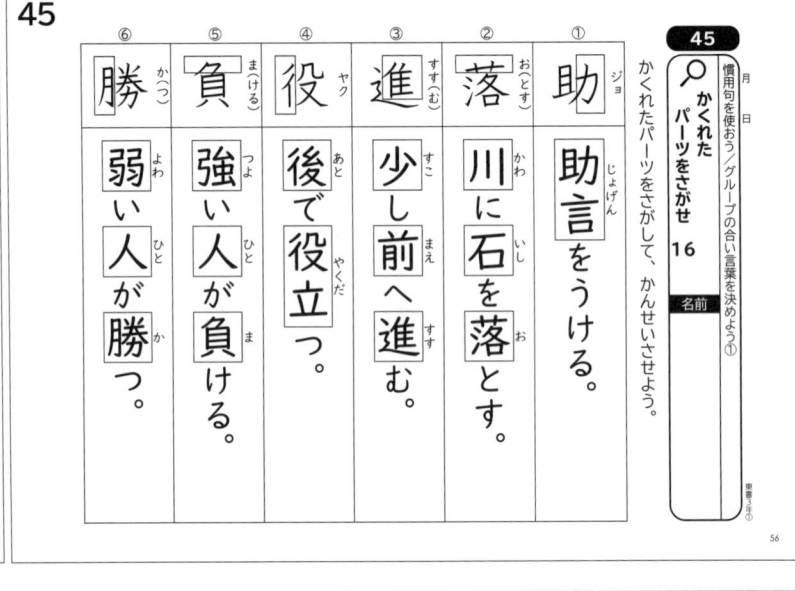

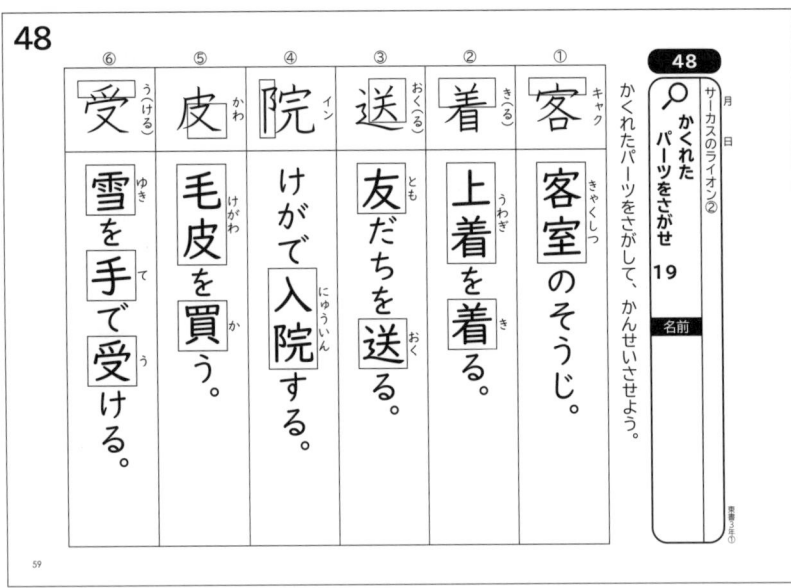

2学期の答え

49〜52

49

月　日

サーカスのライオン③／漢字を使おう5

かくれたパーツをさがせ　20

名前

かくれたパーツをさがして、かんせいさせよう。

① 消《き(える)》　火《ひ》が消《き》える。

② 荷《に》　荷車《にぐるま》で運《はこ》ぶ。

③ 運《ウン・はこ(ぶ)》　運《うん》を運《はこ》ぶ鳥《とり》。

④ 陽《ヨウ》　太陽《たいよう》の光《ひかり》。

⑤ 路《ロ》　電車《でんしゃ》の線路《せんろ》。

東書3年①

50

月　日

せっちゃくざいの今とむかし①

かくれたパーツをさがせ　21

名前

かくれたパーツをさがして、かんせいさせよう。

① 昔《むかし》　昔話《むかしばなし》を聞《き》く。

② 服《フク》　赤《あか》い色《いろ》の服《ふく》。

③ 両《リョウ》　両手《りょうて》を広《ひろ》げる。

④ 軽《かる(い)》　軽《かる》い羽《はね》がとぶ。

⑤ 具《グ》　家具《かぐ》を買《か》う。

⑥ 温《あたた(かい)》　温《あたた》かい食《た》べ物《もの》。

東書3年①

51

月　日

せっちゃくざいの今と昔②／道具のひみつをつたえよう／こそあど言葉①

かくれたパーツをさがせ　22

名前

かくれたパーツをさがして、かんせいさせよう。

① 度《ド》　今度《こんど》の日曜日《にちようび》。

② 美《うつく(しい)》　美《うつく》しい花《はな》がさく。

③ 短《みじか(い)》　短《みじか》い毛糸《けいと》。

④ 整《セイ》　教室《きょうしつ》の整理《せいり》。

⑤ 指《ゆび》　親指《おやゆび》の長《なが》さ。

⑥ 植《う(える)》　木《き》を植《う》える。

東書3年①

52

月　日

こそあど言葉②／話したいな、すきな時間／漢字の読み方①

かくれたパーツをさがせ　23

名前

かくれたパーツをさがして、かんせいさせよう。

① 研《ケン》　理科《りか》の研究《けんきゅう》。

② 究《キュウ》　虫《むし》の研究《けんきゅう》。

③ 深《ふか(める)》　考《かんが》えを深《ふか》める。

④ 代《か(える)》　せん手《しゅ》を代《か》える。

⑤ 乗《の(る)》　電車《でんしゃ》に乗《の》る。

⑥ 飲《の(む)》　水《みず》を飲《の》む。

東書3年①

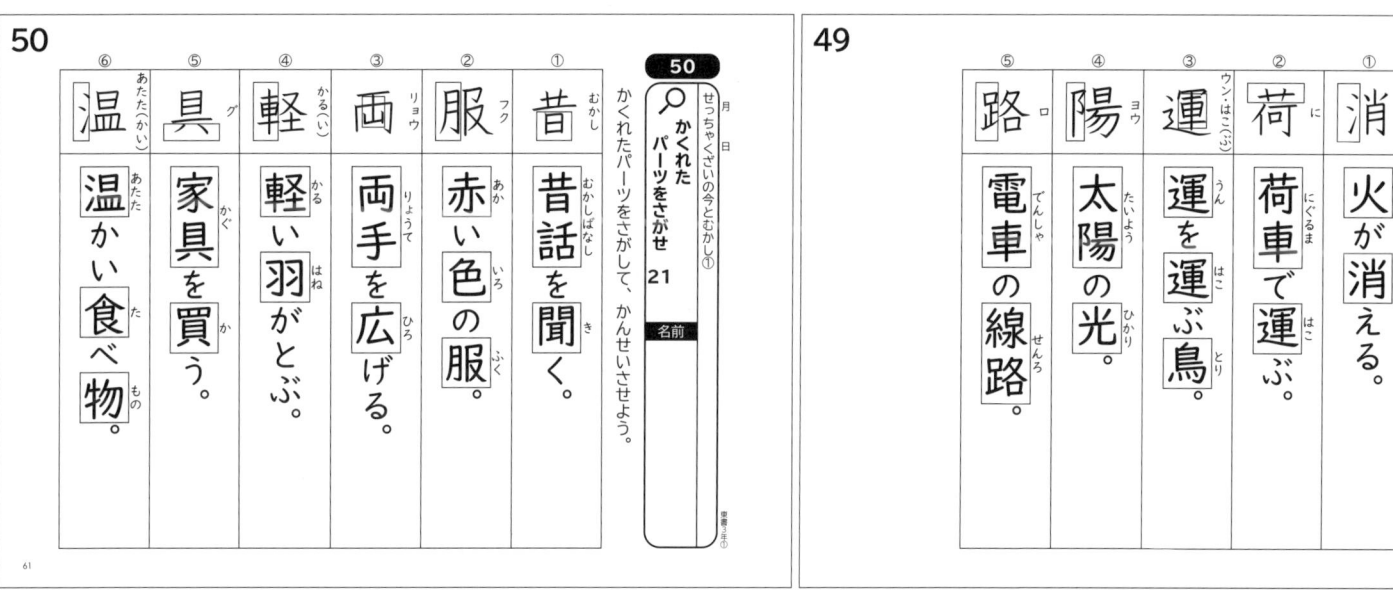

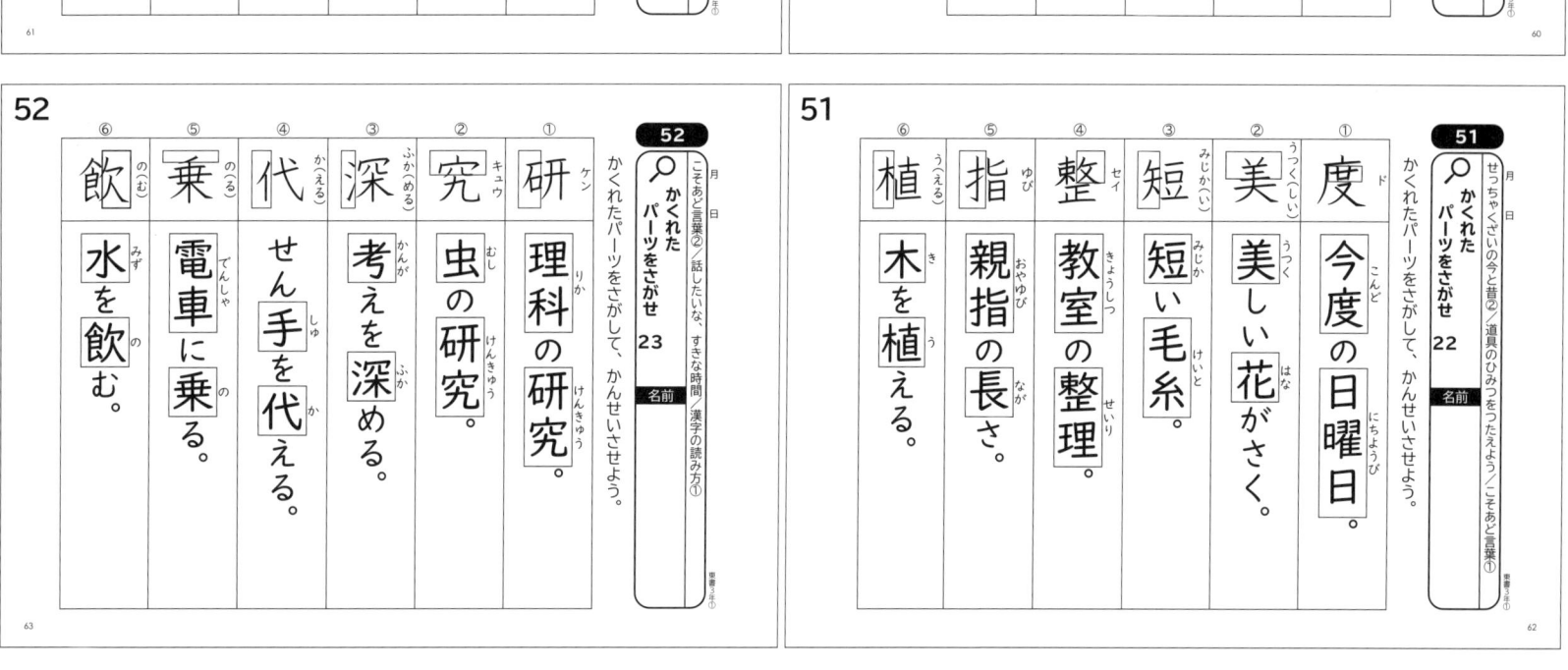

53

月　日

漢字の読み方②

かくれたパーツをさがせ 24

名前

かくれたパーツをさがして、かんせいさせよう。

① 流《なが(す)》
川《かわ》に流《なが》す。

② 炭《タン》
黒《くろ》い石炭《せきたん》。

③ 平《たい(ら)》
道《みち》を平《たい》らにする。

④ 和《ワ》
和食《わしょく》のお店《みせ》。

⑤ 銀《ギン》
銀行《ぎんこう》に行《い》く。

東書3年①

64

54

月　日

モチモチの木①

かくれたパーツをさがせ 25

名前

かくれたパーツをさがして、かんせいさせよう。

① 鼻《はな》
鼻水《はなみず》が出《で》る。

② 神《シン》
神話《しんわ》を聞《き》く。

③ 祭《まつ(り)》
地元《じもと》の秋祭《あきまつ》り。

④ 歯《は》
虫歯《むしば》がいたい。

⑤ 医《イ》
医学《いがく》をまなぶ。

⑥ 坂《さか》
坂道《さかみち》を走《はし》り上《のぼ》る。

東書3年①

65

55

月　日

モチモチの木②

かくれたパーツをさがせ 26

名前

かくれたパーツをさがして、かんせいさせよう。

① 薬《くすり》
白《しろ》い色《いろ》の薬《くすり》。

② 箱《はこ》
箱《はこ》に絵《え》を入《い》れる。

③ 湯《ゆ》
水《みず》をお湯《ゆ》にする。

④ 他《ほか》
他《ほか》の人《ひと》の考《かんが》え。

⑤ 対《タイ》
はん対《たい》の考《かんが》え。

東書3年①

66

56

月　日

漢字を使おう 6／人物の気持ちを表す言葉

かくれたパーツをさがせ 27

名前

かくれたパーツをさがして、かんせいさせよう。

① 洋《ヨウ》
洋食《ようしょく》のお店《みせ》。

② 湖《みずうみ》
湖《みずうみ》を船《ふね》で行《い》く。

③ 酒《さけ》
米《こめ》から酒《さけ》を作《つく》る。

④ 油《あぶら》
油絵《あぶらえ》をかく。

⑤ 拾《ひろ(う)》
道《みち》のごみを拾《ひろ》う。

⑥ 羊《ヨウ・ひつじ》
羊《ひつじ》の毛《け》は羊《よう》もう。

東書3年①

67

57

57 かくれたパーツをさがせ 28

いろいろなつたえ方／本から発見したことをつたえ合おう

月　日

名前

かくれたパーツをさがして、かんせいさせよう。

① 駅《エキ》
駅前《えきまえ》のお店《みせ》。

② 港《みなと》
港町《みなとまち》の絵《え》をかく。

③ 界《カイ》
広《ひろ》い世界《せかい》。

④ 期《キ》
長《なが》い期間《きかん》。

⑤ 勉《ベン》
国語《こくご》の勉強《べんきょう》。

東書3年①

58

58 かくれたパーツをさがせ 29

漢字を使おう 7

月　日

名前

かくれたパーツをさがして、かんせいさせよう。

① 級《キュウ》
学級園《がっきゅうえん》の花《はな》。

② 式《シキ》
弟《おとうと》の入学式《にゅうがくしき》。

③ 列《レツ》
長《なが》い行列《ぎょうれつ》。

④ 予《ヨ》
予言《よげん》が当《あ》たる。

⑤ 談《ダン》
校長《こうちょう》先生の談話《だんわ》。

⑥ 反《そ(る)》
弓《ゆみ》のように反《そ》る。

東書3年①

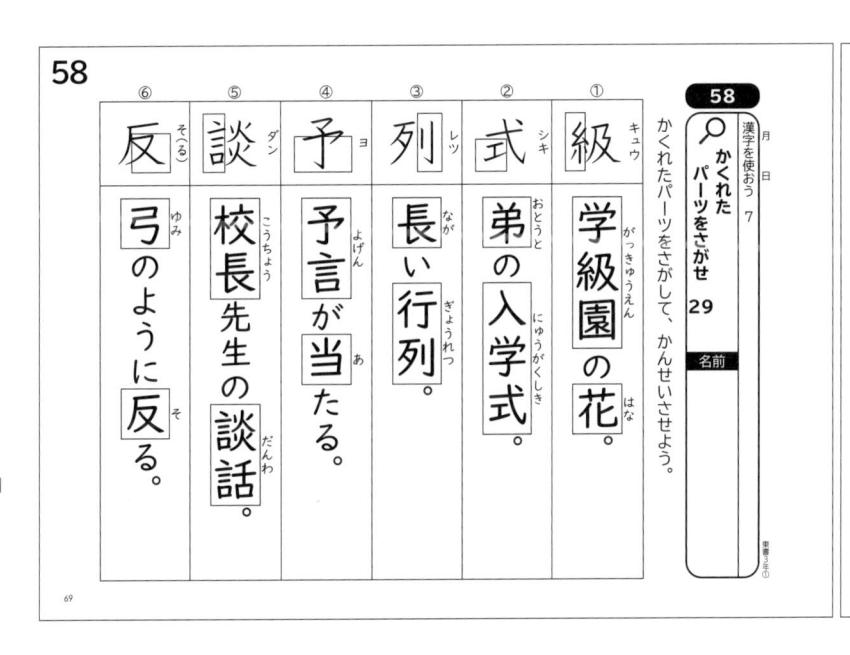

2学期の答え 59～62

59

59 月 日

慣用句を使おう／グループの合い言葉を決めよう

かん字足し算 12

名前

かん字の足し算をしよう。

① 且＋力＝助 → 助言
② 艹＋氵＋夂＋口＝落 → 落石
③ 隹＋辶＝進 → 前進
④ 彳＋几＋又＝役 → 役目
⑤ ⺈＋目＋八＝負 → 負ける
⑥ 月＋龹＋力＝勝 → 勝負
⑦ 一＋メ＋乚＝区 → 地区

＊答えのかん字でことばを作ろう。

東書3年②

60

60 月 日

漢字を使おう 4／しゅ語とじゅつ語、つながってる？

かん字足し算 13

名前

かん字の足し算をしよう。

① 目＋乚＋小＝県 → 石川県
② 一＋亅＝丁 → 三丁目
③ 尸＋一＋厶＋土＝屋 → 小屋
④ 木＋艮＝根 → 根気
⑤ 扌＋几＋又＝投 → 投書
⑥ 王＋求＝球 → 地球
⑦ 扌＋丁＝打 → 強打
⑧ 丶＋王＝主 → 主語

＊答えのかん字でことばを作ろう。

東書3年②

61

61 月 日

サーカスのライオン①

かん字足し算 14

名前

かん字の足し算をしよう。

① 亻＋匕＝化 → 化学
② 金＋失＝鉄 → 鉄道
③ 十＋目＋一＋八＝真 → 真実
④ 宀＋夂＋口＝客 → 客室
⑤ 𦍌＋ノ＋目＝着 → 上着
⑥ 关＋辶＝送 → 見送る
⑦ 阝＋宀＋元＝院 → 通院

＊答えのかん字でことばを作ろう。

東書3年②

62

62 月 日

サーカスのライオン②／漢字を使おう 5

かん字足し算 15

名前

かん字の足し算をしよう。

① 广＋又＝皮 → 毛皮
② 爫＋冖＋又＝受 → 受話き
③ 氵＋⺌＋月＝消 → 消火
④ 艹＋亻＋可＝荷 → 荷車
⑤ 冖＋車＋辶＝運 → 運動
⑥ 阝＋日＋勿＝陽 → 太陽
⑦ 𧾷＋夂＋口＝路 → 線路

＊答えのかん字でことばを作ろう。

東書3年②

63

63　かん字足し算　16

せっちゃくざいの今とむかし①　月　日　名前

かん字の足し算をしよう。

① 艹＋日＝昔 → 昔話
② 月＋卩＋又＝服 → 学生服
③ 一＋冂＋山＝両 → 両方
④ 車＋又＋土＝軽 → 軽食
⑤ 目＋一＋八＝具 → 絵の具
⑥ 氵＋日＋皿＝温 → 気温
⑦ 广＋廿＋又＝度 → 角度

＊答えのかん字でことばを作ろう。

東書3年②

64

64　かん字足し算　17

せっちゃくざいの今と昔②／道具のひみつをつたえよう／こそあど言葉　月　日　名前

かん字の足し算をしよう。

① 丷＋王＋大＝美 → 美人
② 矢＋一＋口＋䒑＝短 → 短文
③ 束＋攵＋正＝整 → 整理
④ 扌＋匕＋日＝指 → 親指
⑤ 木＋十＋目＋𠃊＝植 → 植物
⑥ 石＋开＝研 → 研究
⑦ 宀＋八＋九＝究 → 究明

＊答えのかん字でことばを作ろう。

東書3年②

65

65　かん字足し算　18

話したいな、すきな時間／漢字の読み方①　月　日　名前

かん字の足し算をしよう。

① 氵＋冖＋八＋木＝深 → 水深
② 亻＋弋＝代 → 時代
③ 一＋卄＋木＝乗 → 乗車
④ 食＋欠＝飲 → 飲食
⑤ 氵＋亠＋厶＋儿＝流 → 電流
⑥ 山＋厂＋火＝炭 → 炭火
⑦ 一＋丷＋十＝平 → 平原

＊答えのかん字でことばを作ろう。

東書3年②

66

66　かん字足し算　19

漢字の読み方②／モチモチの木①　月　日　名前

かん字の足し算をしよう。

① 禾＋口＝和 → 和室
② 金＋艮＝銀 → 銀色
③ 自＋田＋廾＝鼻 → 鼻歌
④ 礻＋日＋｜＝神 → 神様
⑤ 癶＋二＋小＝祭 → 祭り
⑥ 止＋米＋凵＝歯 → 歯車
⑦ 一＋矢＋𠃊＝医 → 医学
⑧ 土＋厂＋又＝坂 → 下り坂

＊答えのかん字でことばを作ろう。

東書3年②

67

67 かん字足し算 20

モチモチの木② ／ 漢字を使おう 6①

月　日　名前

東書3年②

かん字の足し算をしよう。

＊答えのかん字でことばを作ろう。

① 艹＋白＋⺍＋木＝薬 → 目薬
② ⺮＋木＋目＝箱 → 木箱
③ 氵＋日＋勿＝湯 → 湯気
④ 亻＋也＝他 → 他人
⑤ 亠＋メ＋寸＝対 → 対話
⑥ 氵＋⺍＋手＝洋 → 洋室
⑦ 氵＋古＋月＝湖 → 湖水

68

68 かん字足し算 21

漢字を使おう 6② ／ 人物の気持ちを表す言葉 ／ いろいろなつたえ方

月　日　名前

東書3年②

かん字の足し算をしよう。

＊答えのかん字でことばを作ろう。

① 氵＋酉＝酒 → 日本酒
② 氵＋由＝油 → 油田
③ 扌＋人＋一＋口＝拾 → 拾う
④ ⺍＋三＋丨＝羊 → 子羊
⑤ 馬＋尺＝駅 → 駅前
⑥ 氵＋龷＋八＋己＝港 → 開港
⑦ 田＋𠆢＋川＝界 → げん界

69

69 かん字足し算 22

本から発見したことをつたえ合おう ／ 漢字を使おう 7

月　日　名前

東書3年②

かん字の足し算をしよう。

＊答えのかん字でことばを作ろう。

① 其＋月＝期 → 学期
② ⺈＋口＋儿＋力＝勉 → 勉強
③ 糸＋及＝級 → 上級生
④ 一＋エ＋乀＝式 → 式場
⑤ 一＋夕＋刂＝列 → 列車
⑥ マ＋乛＋亅＝予 → 予習
⑦ 言＋火＋火＝談 → 会談
⑧ 厂＋又＝反 → 反発

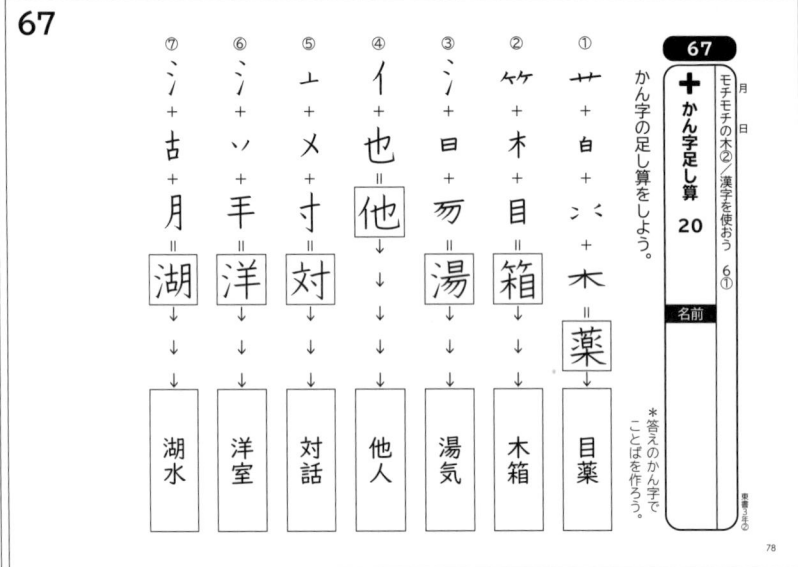

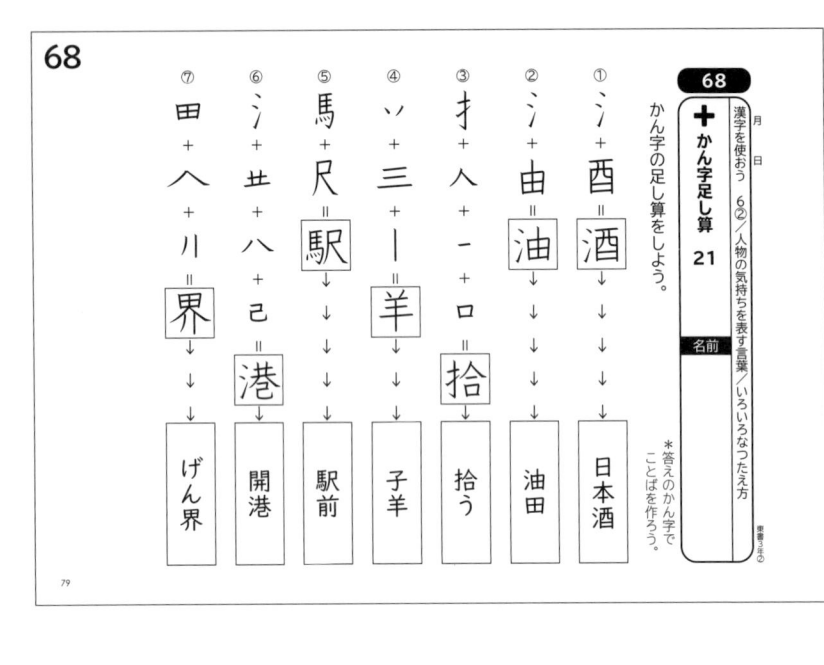

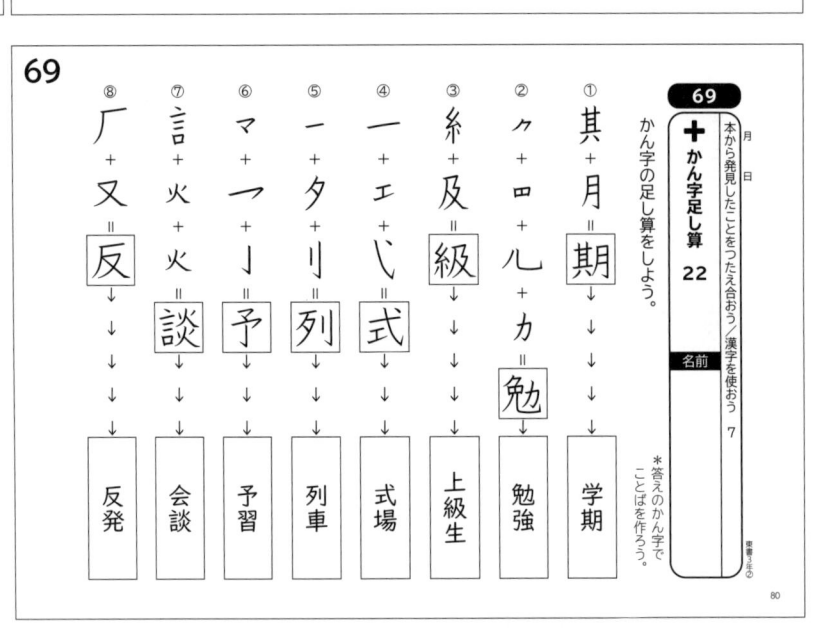

70

70 慣用句を使おう／グループの合いこと葉を決めよう／漢字を使おう 4①

月　日

足りないのはどこ（形をよく見て） 8

名前

足りないところを見つけて、正しく書こう。

① 助《じょ》言《げん》 → 助言
② 落《らく》石《せき》 → 落石
③ 前《ぜん》進《しん》 → 前進
④ 役《やく》口《め》 → 役目
⑤ 負《ま》ける → 負ける
⑥ 勝《しょう》負《ぶ》 → 勝負
⑦ 地《ち》区《く》 → 地区
⑧ 石《いし》川《かわ》県《けん》 → 石川県
⑨ 二《さん》丁《ちょう》口《め》 → 三丁目
⑩ ハ《こ》屋《や》 → 小屋
⑪ 根《こん》気《き》 → 根気

東書3年③

81

71

71 漢字を使おう 4②～サーカスのライオン①

月　日

足りないのはどこ（形をよく見て） 9

名前

足りないところを見つけて、正しく書こう。

① 投《とう》書《しょ》 → 投書
② 地《ち》球《きゅう》 → 地球
③ 強《きょう》打《だ》 → 強打
④ 三《しゅ》語《ご》 → 主語
⑤ 化《か》字《がく》 → 化学
⑥ 鉄《てつ》道《どう》 → 鉄道
⑦ 真《しん》実《じつ》 → 真実
⑧ 客《きゃく》室《しつ》 → 客室
⑨ 上《うわ》着《ぎ》 → 上着

東書3年③

82

72

72 サーカスのライオン②／漢字を使おう 5

月　日

足りないのはどこ（形をよく見て） 10

名前

足りないところを見つけて、正しく書こう。

① 見《み》送《おく》る → 見送る
② 通《つう》院《いん》 → 通院
③ 毛《け》反《がわ》 → 毛皮
④ 受《じゅ》話《わ》き → 受話き
⑤ 消《しょう》人《か》 → 消火
⑥ 荷《に》車《ぐるま》 → 荷車
⑦ 運《うん》動《どう》 → 運動
⑧ 大《たい》陽《よう》 → 太陽
⑨ 線《せん》路《ろ》 → 線路

東書3年③

83

73

73 せっちゃくざいの今とむかし／道ぐのひみつをつたえよう／こそあど言葉

月　日

足りないのはどこ（形をよく見て） 11

名前

足りないところを見つけて、正しく書こう。

① 昔《むかし》話《ばなし》 → 昔話
② 学《がく》生《せい》服《ふく》 → 学生服
③ 両《りょう》万《ほう》 → 両方
④ 軽《けい》食《しょく》 → 軽食
⑤ 絵《え》の具《ぐ》 → 絵の具
⑥ 温《おん》度《ど》 → 温度
⑦ 美《び》ノ《じん》 → 美人
⑧ 短《たん》文《ぶん》 → 短文
⑨ 整《せい》理《り》 → 整理
⑩ 親《おや》指《ゆび》 → 親指
⑪ 植《しょく》物《ぶつ》 → 植物
⑫ 研《けん》究《きゅう》 → 研究

東書3年③

84

74

話したいな、すきなじ間／漢字の読み方／モチモチの木① 月 日

足りないのはどこ（形をよく見て） 12

名前

足りないところを見つけて、正しく書こう。

① 氺《すい》深《しん》 → 水深
② 時《じ》代《だい》 → 時代
③ 乗《じょう》車《しゃ》 → 乗車
④ 飲《いん》食《しょく》 → 飲食
⑤ 電《でん》流《りゅう》 → 電流
⑥ 炭《すみ》人《び》 → 炭火
⑦ 半《へい》和《わ》 → 平和
⑧ 銀《ぎん》色《いろ》 → 銀色
⑨ 鼻《はな》歌《うた》 → 鼻歌
⑩ 祖《かみ》様《さま》 → 神様
⑪ 祭《まつ》り → 祭り
⑫ 歯《は》車《ぐるま》 → 歯車

東書3年③

75

モチモチの木②／漢字を使おう6 月 日

足りないのはどこ（形をよく見て） 13

名前

足りないところを見つけて、正しく書こう。

① 医《い》字《がく》 → 医学
② 丅《くだ》り坂《ざか》 → 下り坂
③ 薬《くすり》箱《ばこ》 → 薬箱
④ 湯《ゆ》気《げ》 → 湯気
⑤ 他《た》ノ《にん》 → 他人
⑥ 対《たい》話《わ》 → 対話
⑦ 洋《よう》室《しつ》 → 洋室
⑧ 湖《こ》水《すい》 → 湖水
⑨ 口《に》木《ほん》洒《しゅ》 → 日本酒
⑩ 泪《ゆ》日《でん》 → 油田
⑪ 拾《ひろ》う → 拾う

東書3年③

76

人物の気持ちを表す言葉〜漢字を使おう7 月 日

足りないのはどこ（形をよく見て） 14

名前

足りないところを見つけて、正しく書こう。

① 子《こ》羊《ひつじ》 → 子羊
② 駅《えき》前《まえ》 → 駅前
③ 開《かい》洪《こう》 → 開港
④ げん界《かい》 → げん界
⑤ 字《がっ》期《き》 → 学期
⑥ 勉《べん》強《きょう》 → 勉強
⑦ 上級主《じょうきゅうせい》 → 上級生
⑧ 式《しき》場《じょう》 → 式場
⑨ 列《れっ》車《しゃ》 → 列車
⑩ 了《よ》習《しゅう》 → 予習
⑪ 会《かい》談《だん》 → 会談
⑫ 反《はん》発《ぱつ》 → 反発

東書3年③

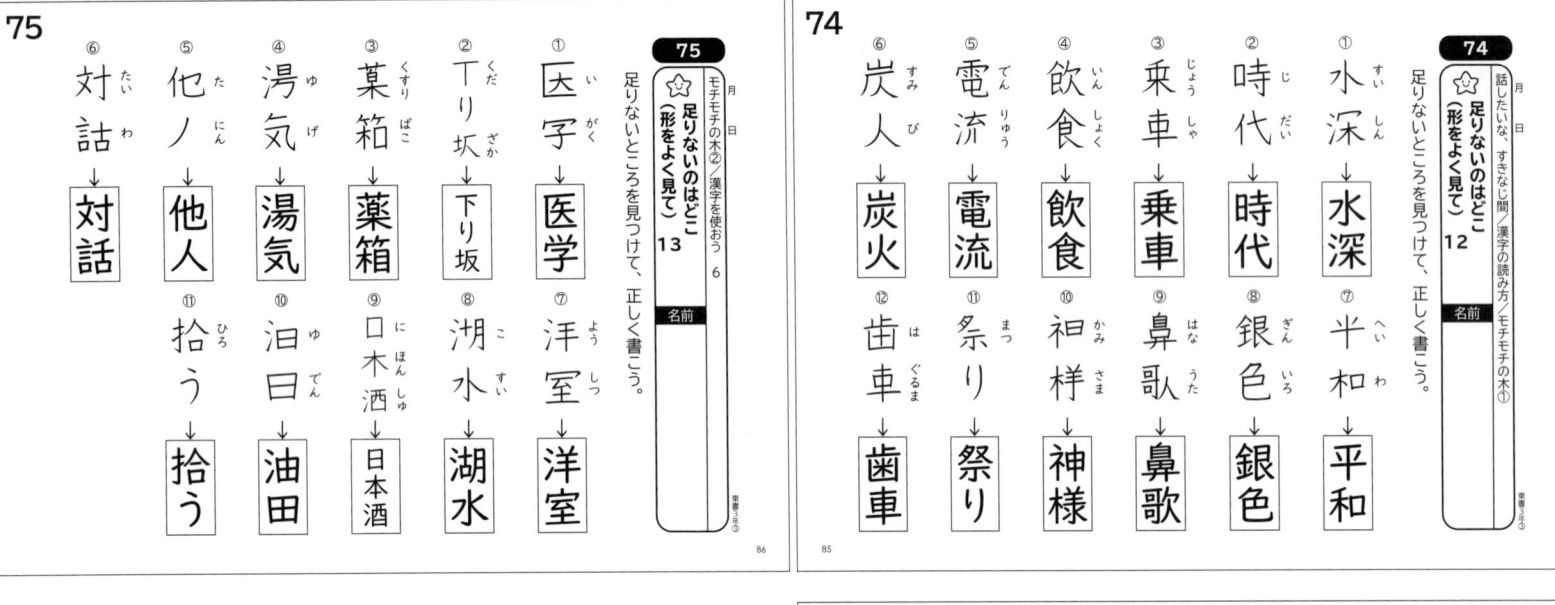

77

77
月　日
慣用句を使おう／グループの合い言葉を決めよう
かん字を入れよう 12
名前

文を読んで、ぴったりのかん字を入れよう。

① おぼれている人を、みんなで助けた。
② おつかいに行って、さいふを落とした。
③ 音楽が鳴ったら、前に進みましょう。
④ おてつだいをして、母の役に立つ。
⑤ 一点さで負けて、とてもくやしい。
⑥ サッカーのしあいで、一点さで勝った。
⑦ 引き出しの中を区切って、分ける。

ヒント　負　進　区　落　助　役　勝

東書3年④

78

78
月　日
漢字を使おう 4／しゅ語とじゅつ語、つながってる？
かん字を入れよう 13
名前

文を読んで、ぴったりのかん字を入れよう。

① 青森県では、リンゴがたくさんとれる。
② ぼくの家は、二丁目にあります。
③ 強い風のせいで、犬小屋がこわれてしまった。
④ おので、木を根元から切りたおす。
⑤ 右手で、ドッジボールを、思い切り投げる。
⑥ 兄は、しょう年野球のピッチャーをしている。
⑦ バットで、思い切りボールを打った。
⑧ このお話の主人公は、男の人です。

ヒント　打　丁　投　根　屋　球　主　県

東書3年④

79

79
月　日
サーカスのライオン①
かん字を入れよう 14
名前

文を読んで、ぴったりのかん字を入れよう。

① きょうりゅうのほねの化石を見つけた。
② 公園の鉄ぼうで、さか上がりをする。
③ となりの家には、真っ白い犬がいる。
④ スーパーのお客さんが、レジにならぶ。
⑤ あせをかいたら、ふくを着がえましょう。
⑥ てん校する友だちを、手をふって見送った。
⑦ 父がけがをして、入院することになった。

ヒント　鉄　送　院　真　化　客　着

東書3年④

80

80
月　日
サーカスのライオン②／漢字を使おう 5
かん字を入れよう 15
名前

文を読んで、ぴったりのかん字を入れよう。

① ほうちょうで、りんごの皮をむく。
② 父の投げたボールを、グローブで受けた。
③ いきなり明かりが消えて、びっくりした。
④ 家族で、引っこしの荷づくりをする。
⑤ 大きなつくえを、二人で運んだ。
⑥ 夕方、太陽が西の山にしずむ。
⑦ 汽車がけむりをはいて、線路を走っている。

ヒント　受　荷　皮　運　陽　路　消

東書3年④

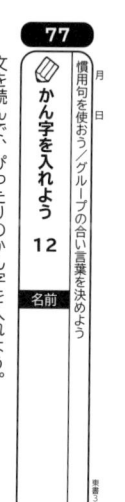

2学期の答え 81～84

81

81 せっちゃくざいの今とむかし①

月　日

かん字を入れよう 16

名前

東書3年④

文を読んで、ぴったりのかん字を入れよう。

① きょうりゅうは、大昔には、日本にもいた。

② 兄が、中学校のせい服を買いに行く。

③ 父と母のことを、両親という。

④ ランドセルが空っぽで、とても軽い。

⑤ 遠足で、雨具をわすれて、ずぶぬれになった。

⑥ 母が、温かいココアを出してくれた。

⑦ とても寒いので、おん度計を見た。

ヒント　両　昔　温　軽　服　度　具

82

82 せっちゃくざいの今と昔②／道具のひみつをつたえよう／こそあど言葉

月　日

かん字を入れよう 17

名前

東書3年④

文を読んで、ぴったりのかん字を入れよう。

① 公園に、さくらの花が、美しくさいている。

② 何回もえんぴつをけずると、短くなった。

③ ちらかった、つくえの上の本を整理する。

④ ドッジボールで、つき指をした。

⑤ ここには、めずらしい木が植えてある。

⑥ お父さんは、地しんの研きゅうをしている。

⑦ この大学では、こん虫のけん究をしている。

ヒント　究　整　研　美　短　植　指

83

83 話したいな、すきな時間／漢字の読み方①

月　日

かん字を入れよう 18

名前

東書3年④

文を読んで、ぴったりのかん字を入れよう。

① せん水かんが、深い海にもぐる。

② 父から、子ども時代の話を聞いた。

③ 父と自てん車に乗って、サイクリングをした。

④ のどがかわいたら、水を飲みましょう。

⑤ 川に落としたぼうしが、流れていった。

⑥ バーベキューをして、炭火で肉をやく。

⑦ 一りん車は、平らな場所で練習する。

ヒント　乗　飲　代　流　平　炭　深

84

84 漢字の読み方②／モチモチの木①

月　日

かん字を入れよう 19

名前

東書3年④

文を読んで、ぴったりのかん字を入れよう。

① 外国でも、日本の和食が人気だ。

② 母が、銀行にお金をあずけに行く。

③ 顔のまん中には、鼻がある。

④ お正月は、近くの神社に、はつもうでに行く。

⑤ 今日は秋祭りで、おみこしが出る。

⑥ 夜、ねる前に、歯みがきをする。

⑦ ねつがあるので、お医者さんにみてもらう。

⑧ 急な坂道を、歩いて上る。

ヒント　神　坂　医　銀　歯　和　鼻　祭

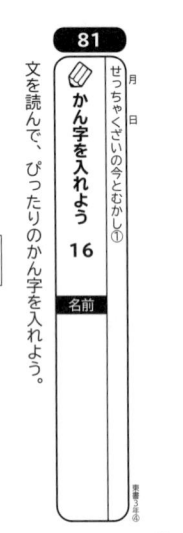

85

85
モチモチの木②／漢字を使おう 6①
かん字を入れよう 20
月 日
名前
東書3年④

文を読んで、ぴったりのかん字を入れよう。

①目が赤いので、目薬をさした。
②ダンボールの箱に、本をつめる。
③やかんでお湯をわかして、お茶を入れる。
④では、他の人の考えも聞いてみましょう。
⑤サッカーで、ライバルチームと対決する。
⑥ハンバーグがおいしい洋食レストランです。
⑦「びわこ」は、日本で一番大きい湖です。

ヒント　洋　湖　他　薬　対　湯　箱

96

86

86
漢字を使おう 6②／人物の気持ちを表す言葉／いろいろなつたえ方
かん字を入れよう 21
月 日
名前
東書3年④

文を読んで、ぴったりのかん字を入れよう。

①父が、お酒を飲んでよっぱらった。
②天ぷらは、油であげて作る。
③公園のごみを拾って、ごみ箱に入れる。
④この毛糸は、羊の毛から作られている。
⑤八時ちょうどに、電車が駅を出発しました。
⑥大きな外国の船が、港に入ってきた。
⑦もうこれが、がまんのげん界です。

ヒント　羊　酒　界　港　油　駅　拾

97

87

87
本から発見したことをつたえ合おう／漢字を使おう 7
かん字を入れよう 22
月 日
名前
東書3年④

文を読んで、ぴったりのかん字を入れよう。

①二学期には、秋の運動会がある。
②四年生になると、勉強がむずかしくなる。
③クラスのみんなで、学級新ぶんを作った。
④六年生のそつぎょう式は、三月です。
⑤ありの行列が、遠くまでつづいている。
⑥先生から、来週の予ていを聞いた。
⑦こまっていることを、先生に相談する。
⑧体そうで、体を後ろに反らす。

ヒント　列　期　式　予　談　反　勉　級

98

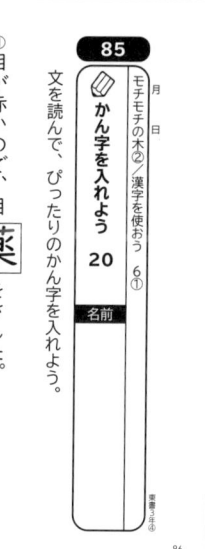

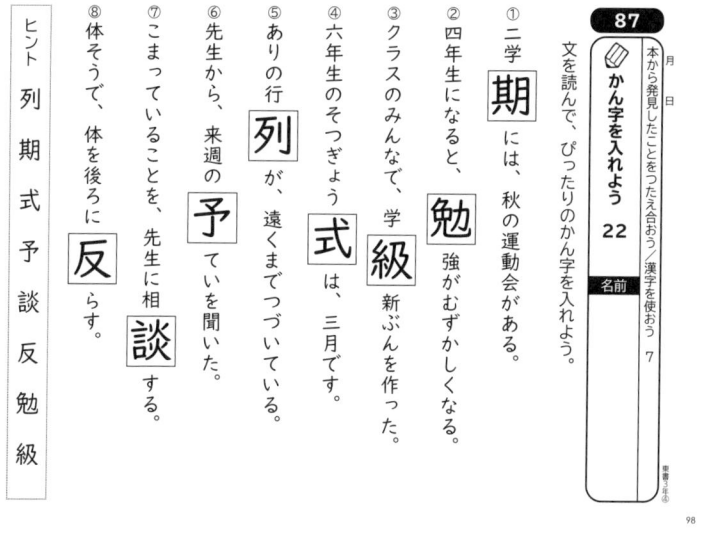

88

88
月　日
俳句に親しもう／カミツキガメはわる者か①
かくれたパーツをさがせ 30
名前

かくれたパーツをさがして、かんせいさせよう。

① 注《チュウ》　注文《ちゅうもん》が多《おお》い。
② 暗《くら(い)》　暗《くら》い夜《よる》になる。
③ 悪《わる(い)》　顔色《かおいろ》が悪《わる》い。
④ 岸《ガン》　海岸《かいがん》を毎朝《まいあさ》走《はし》る。
⑤ 放《はな(す)》　空《そら》に鳥《とり》を放《はな》す。
⑥ 幸《しあわ(せ)》　幸《しあわ》せな人生《じんせい》。

東書3年①

89

89
月　日
カミツキガメは悪者か②～道具のうつりかわりを説明しよう
かくれたパーツをさがせ 31
名前

かくれたパーツをさがして、かんせいさせよう。

① 悲《かな(しい)》　悲《かな》しい話《はなし》。
② 商《ショウ》　市場《いちば》で商売《しょうばい》する。
③ 昭《ショウ》　昭和《しょうわ》生《う》まれの父《ちち》。
④ 帳《チョウ》　父《ちち》の黒《くろ》い手帳《てちょう》。
⑤ 庫《コ》　金庫《きんこ》の中《なか》の大金《たいきん》。
⑥ 転《テン》　黄色《きいろ》の自転車《じてんしゃ》。

東書3年①

90

90
月　日
漢字を使おう 9
かくれたパーツをさがせ 32
名前

かくれたパーツをさがして、かんせいさせよう。

① 第《ダイ》　はじめの第一歩《だいいっぽ》。
② 福《フク》　福引《ふくび》きで当《あ》たる。
③ 等《ひと(しい)》　長《なが》さが等《ひと》しい。
④ 定《さだ(まる)》　人数《にんずう》が定《さだ》まる。
⑤ 宮《みや》　お宮《みや》さんに行《い》く。
⑥ 宿《やど(る)》　雨宿《あまやど》りをする。

東書3年①

91

91
月　日
くわしく表す言葉／ゆうすげ村の小さなりょ館　―ウサギのダイコン①
かくれたパーツをさがせ 33
名前

かくれたパーツをさがして、かんせいさせよう。

① 追《お(う)》　にげた人《ひと》を追《お》う。
② 庭《テイ》　校庭《こうてい》の草花《くさばな》。
③ 旅《リョ》　夏《なつ》の旅行《りょこう》。
④ 息《いき》　ため息《いき》が出《で》る。
⑤ 階《カイ》　二階《にかい》だてバス

東書3年①

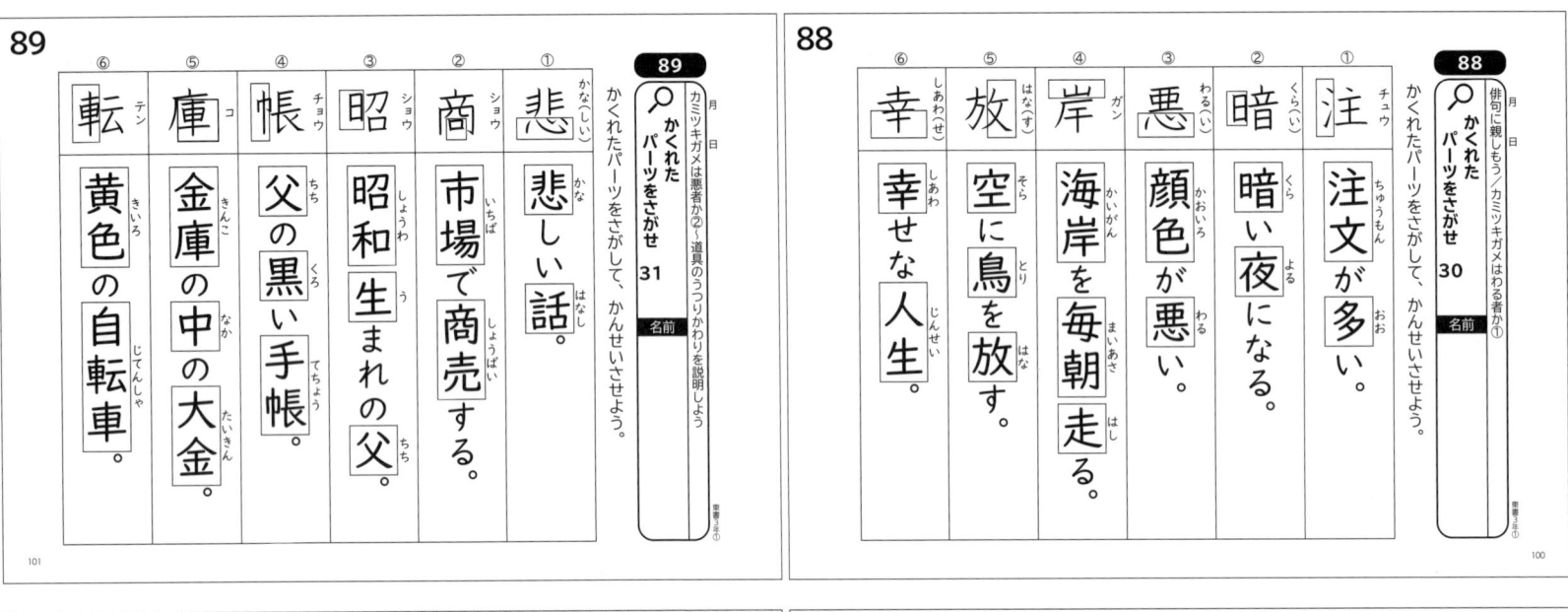

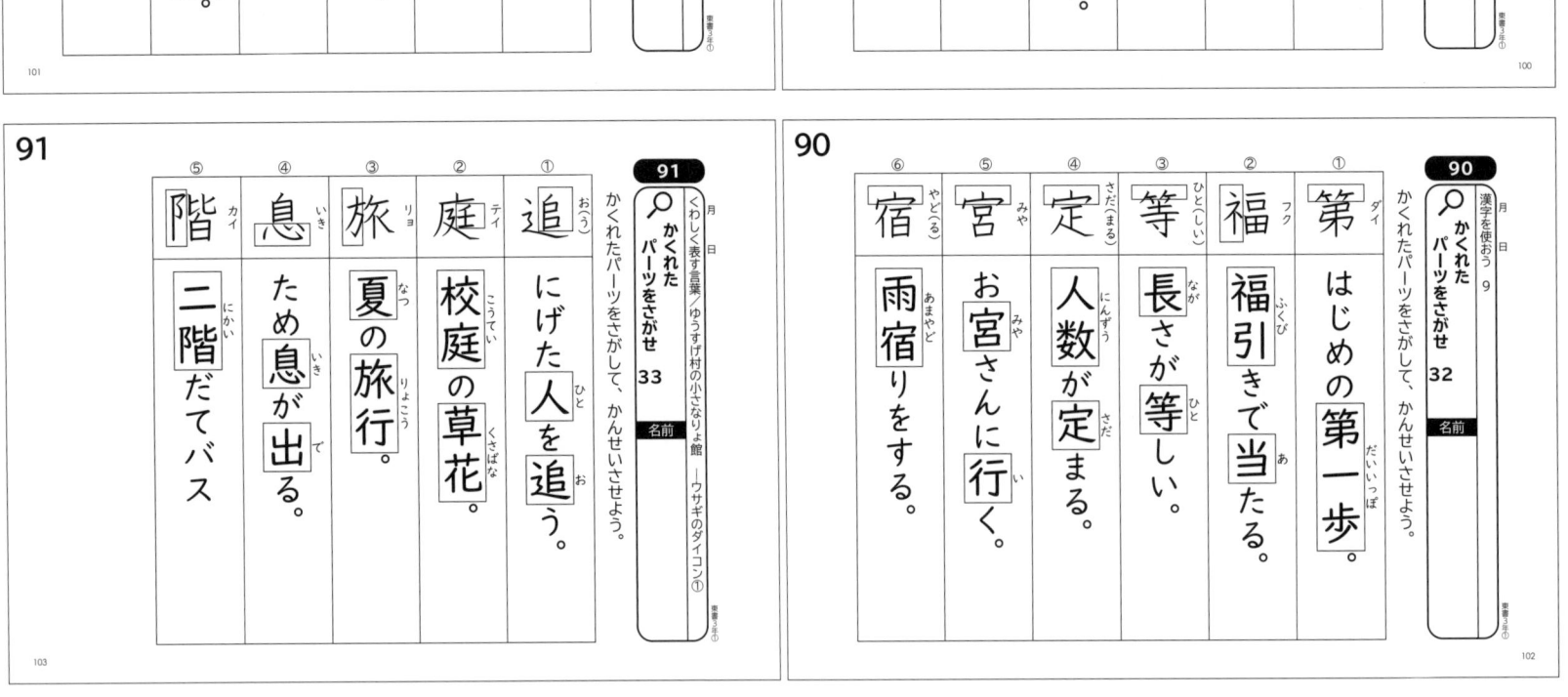

92

92 月 日

ゆうすげ村の小さな旅館 ―ウサギのダイコン②

かくれたパーツをさがせ 34

名前

東書3年①

かくれたパーツをさがして、かんせいさせよう。

① 重《かさ(ねる)》 本《ほん》を重《かさ》ねる。

② 畑《はたけ》 花畑《はなばたけ》が広《ひろ》がる。

③ 去《さ(る)》 夏《なつ》がすぎ去《さ》る。

④ 礼《レイ》 月曜日《げつようび》の朝礼《ちょうれい》。

⑤ 待《ま(つ)》 待合室《まちあいしつ》で待《ま》つ。

93

93 月 日

漢字を使おう10／漢字の組みたてと意味

かくれたパーツをさがせ 35

名前

東書3年①

かくれたパーツをさがして、かんせいさせよう。

① 秒《ビョウ》 十秒《じゅうびょう》で走《はし》った。

② 病《ビョウ》 病気《びょうき》で休《やす》む。

③ 童《ドウ》 童話《どうわ》を読《よ》む。

④ 笛《ふえ》 口笛《くちぶえ》が聞《き》こえる。

⑤ 波《なみ》 海《うみ》が波立《なみだ》つ。

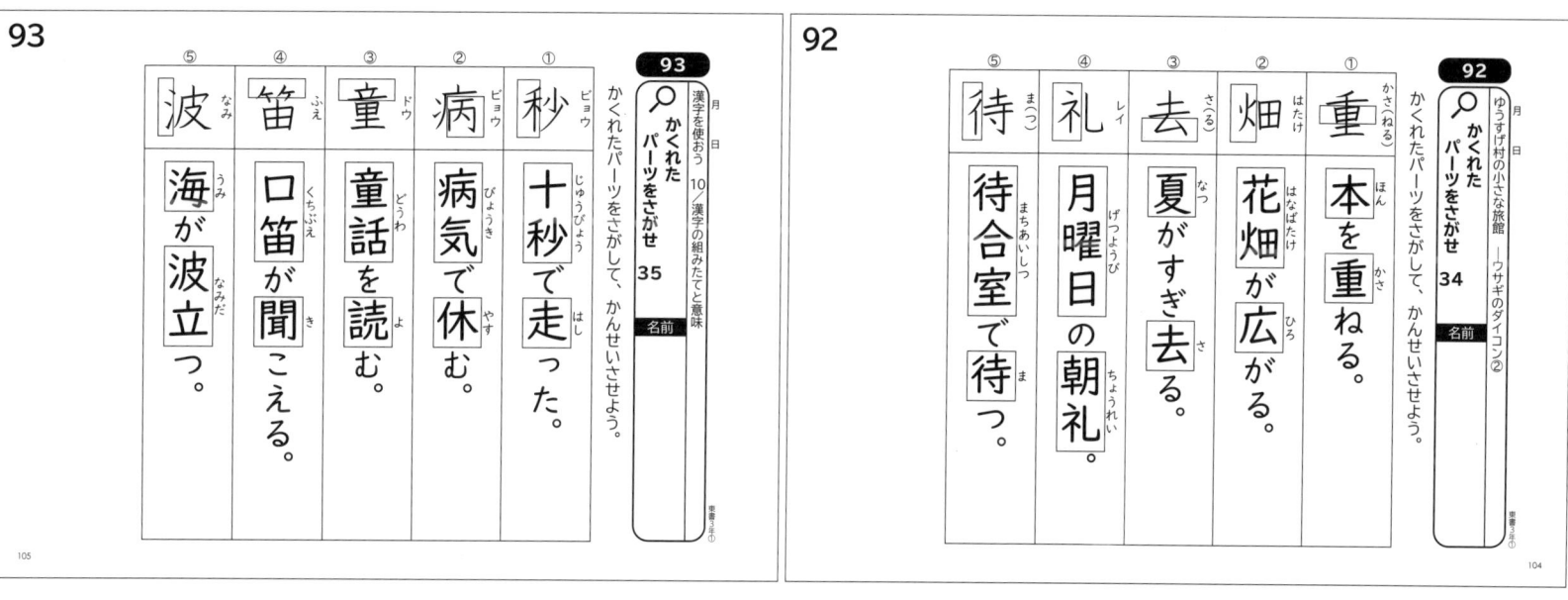

94

月　日

俳句に親しもう／カミツキガメはわる者か

＋かん字足し算 23

名前

かん字の足し算をしよう。

①　氵＋丶＋王＝注→注文
②　日＋立＋日＝暗→暗記
③　亜＋心＝悪→悪口
④　山＋厂＋干＝岸→川岸
⑤　方＋攵＝放→放水
⑥　土＋丷＋干＝幸→幸せ
⑦　非＋心＝悲→悲しむ

＊答えのかん字でことばを作ろう。

東書3年②

106

95

月　日

漢字を使おう　8／道具のうつりかわりを説明しよう／漢字を使おう　9①

＋かん字足し算 24

名前

かん字の足し算をしよう。

①　亠冂＋儿＋口＝商→商売
②　日＋刀＋口＝昭→昭和
③　巾＋巨＋𧘇＝帳→日記帳
④　广＋車＝庫→車庫
⑤　車＋二＋ム＝転→回転
⑥　⺮＋弓＋丿＝第→第一
⑦　礻＋一＋口＋田＝福→福引き

＊答えのかん字でことばを作ろう。

東書3年②

107

96

月　日

漢字を使おう　9②／くわしく表す言葉

＋かん字足し算 25

名前

かん字の足し算をしよう。

①　⺮＋土＋寸＝等→等分
②　宀＋疋＝定→定食
③　宀＋口＋丿＋口＝宮→王宮
④　宀＋亻＋百＝宿→宿題
⑤　𠂤＋辶＝追→追い風
⑥　广＋壬＋廴＝庭→校庭

＊答えのかん字でことばを作ろう。

東書3年②

108

97

月　日

ゆうすげ村の小さなりょ館　―ウサギのダイコン

＋かん字足し算 26

名前

かん字の足し算をしよう。

①　方＋𠂉＋亻＋く＝旅→旅人
②　自＋心＝息→息切れ
③　阝＋比＋白＝階→音階
④　二＋日＋土＝重→体重
⑤　火＋田＝畑→畑作
⑥　土＋ム＝去→去年
⑦　礻＋乚＝礼→朝礼
⑧　彳＋土＋寸＝待→待合室

＊答えのかん字でことばを作ろう。

東書3年②

109

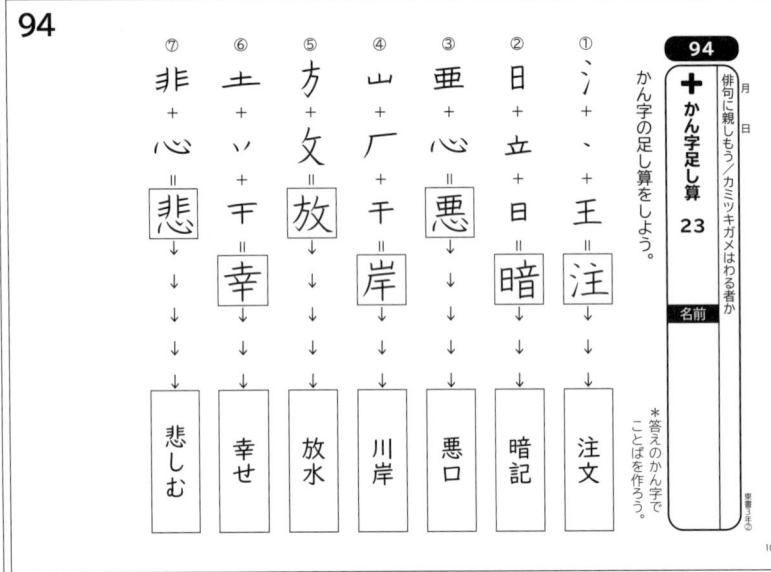

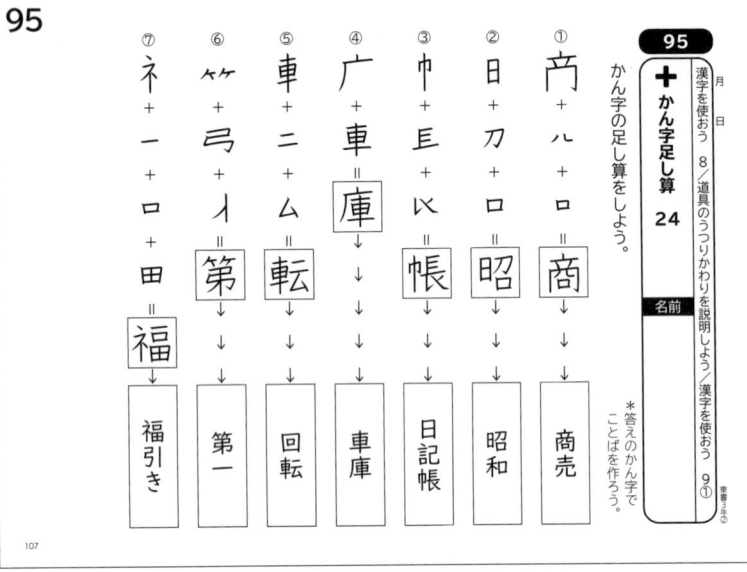

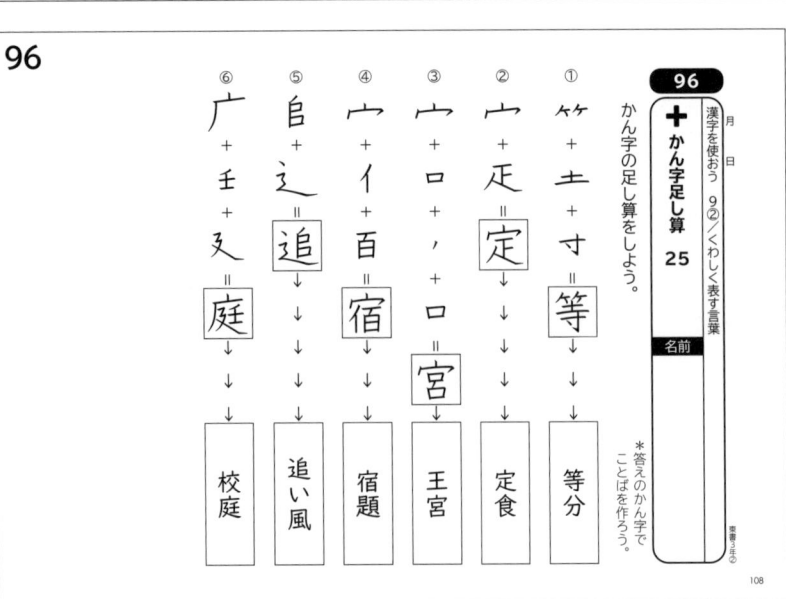

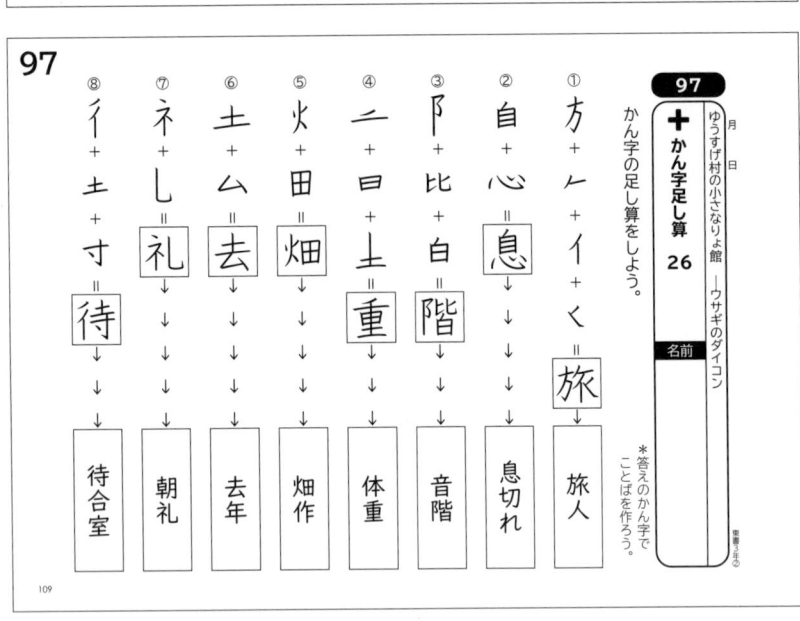

98

月　日

漢字を使おう 10／漢字の組み立てと意味

かん字足し算 27

名前

かん字の足し算をしよう。

＊答えのかん字でことばを作ろう。

① 禾＋小＋ノ＝秒 → 毎秒

② 疒＋冂＋人＝病 → 病人

③ 立＋日＋土＝童 → 童話

④ ⺮＋由＝笛 → 汽笛

⑤ 氵＋𠂆＋又＝波 → 波間

東書3年②

110

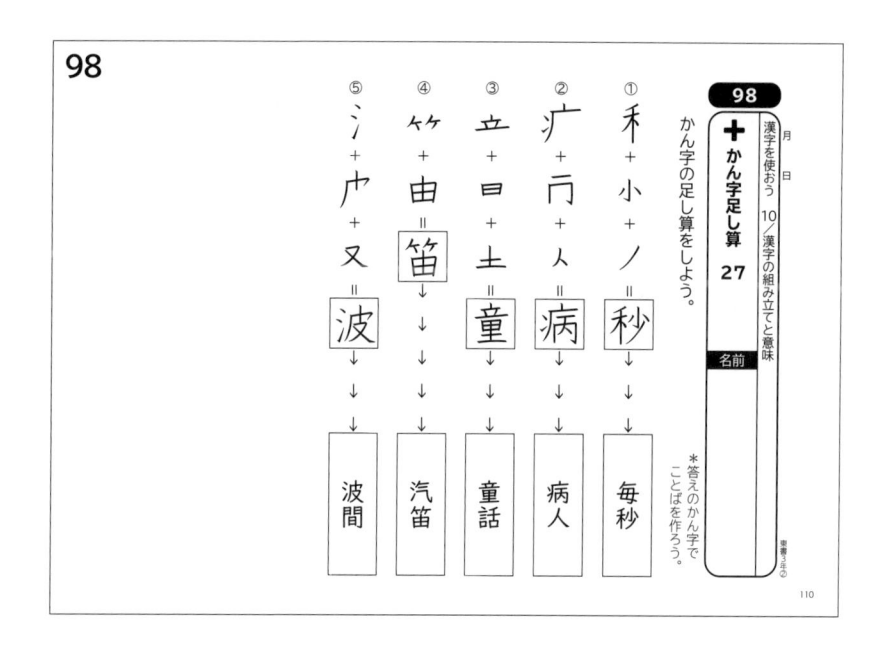

3学期の答え　99〜101

99

99

月　日

俳句に親しもう〜道具のうつりかわりを説明しよう

足りないのはどこ（形をよく見て）15

名前

足りないところを見つけて、正しく書こう。

① 注《ちゅう》文《もん》 → 注文

② 暗《あん》記《き》 → 暗記

③ 悪《わる》口《ぐち》 → 悪口

④ 川《かわ》岸《ぎし》 → 川岸

⑤ 放《ほう》水《すい》 → 放水

⑥ 幸《しあわ》せ → 幸せ

⑦ 悲《かな》しむ → 悲しむ

⑧ 商《しょう》売《ばい》 → 商売

⑨ 昭《しょう》和《わ》 → 昭和

⑩ 日《にっ》記《き》帳《ちょう》 → 日記帳

⑪ 車《しゃ》庫《こ》 → 車庫

⑫ 回《かい》転《てん》 → 回転

東書3年③

100

100

月　日

漢字を使おう　9／くわしく表す言葉／ゆうすげ村の小さなりょ館①

足りないのはどこ（形をよく見て）16

名前

足りないところを見つけて、正しく書こう。

① 第《だい》一《いち》 → 第一

② 福《ふく》引《び》き → 福引き

③ 等《とう》分《ぶん》 → 等分

④ 定《てい》食《しょく》 → 定食

⑤ 王《おう》宮《きゅう》 → 王宮

⑥ 宿《しゅく》題《だい》 → 宿題

⑦ 追《お》い風《かぜ》 → 追い風

⑧ 校《こう》庭《てい》 → 校庭

⑨ 旅《たび》人《びと》 → 旅人

⑩ 息《いき》切《ぎ》れ → 息切れ

⑪ 音《おん》階《かい》 → 音階

⑫ 体《たい》重《じゅう》 → 体重

東書3年③

101

101

月　日

ゆうすげ村の小さな旅館②／漢字を使おう　10／漢字の組み立てと意味

足りないのはどこ（形をよく見て）17

名前

足りないところを見つけて、正しく書こう。

① 畑《はた》作《さく》 → 畑作

② 去《きょ》年《ねん》 → 去年

③ 朝《ちょう》礼《れい》 → 朝礼

④ 待《まち》合《あい》室《しつ》 → 待合室

⑤ 毎《まい》秒《びょう》 → 毎秒

⑥ 病《びょう》人《にん》 → 病人

⑦ 童《どう》話《わ》 → 童話

⑧ 汽《き》笛《てき》 → 汽笛

⑨ 波《なみ》間《ま》 → 波間

東書3年③

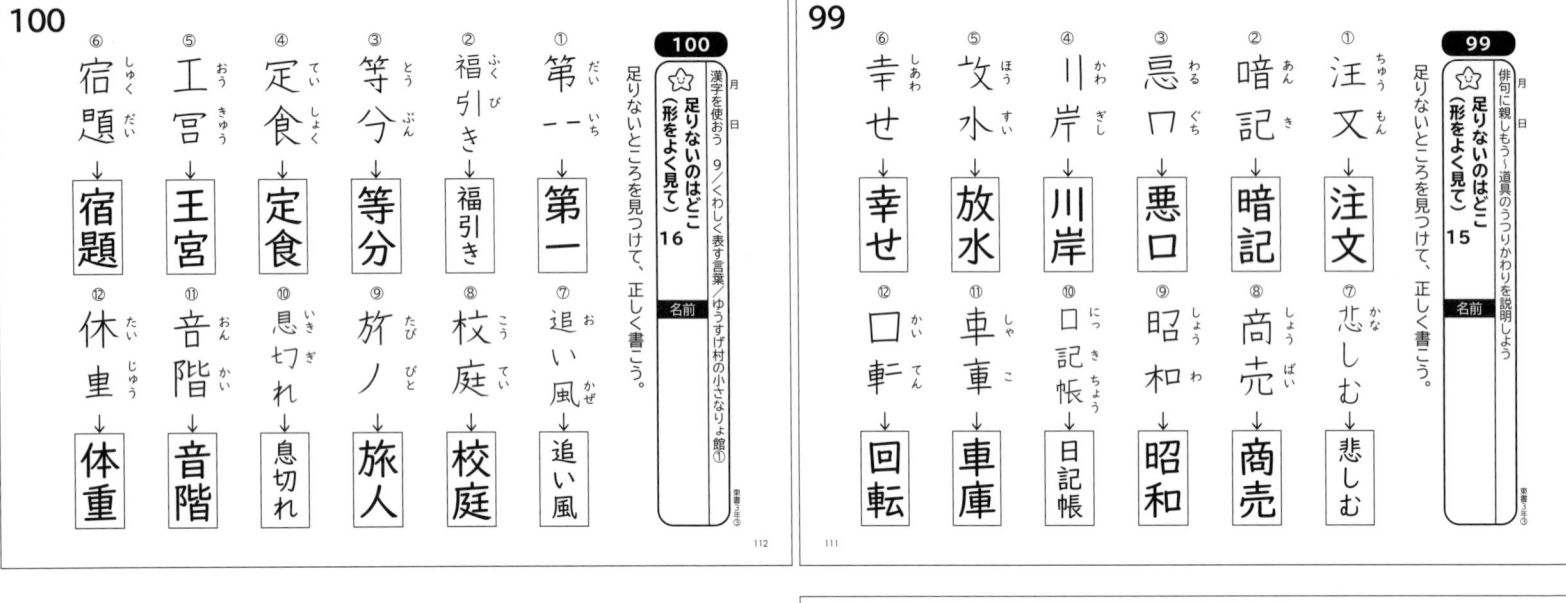

102

102 月 日
俳句に親しもう／カミツキガメはわる者か
かん字を入れよう 23
名前

文を読んで、ぴったりのかん字を入れよう。

① こぼさないように、コップに水を注ぐ。
② 夕やけ空がだんだん暗くなりました。
③ 今日は、天気が悪くて、雨がふりそうだ。
④ 台風で、大きななみが海岸に打ちよせる。
⑤ ポンプ車が、いきおいよく水を放水する。
⑥ それから、二人は幸せにくらしました。
⑦ かっていた犬がいなくなり、とても悲しい。

ヒント 悪 幸 放 悲 注 暗 岸

東書3年④

114

103

103 月 日
漢字を使おう 8／道具のうつりかわりを説明しよう／漢字を使おう 9①
かん字を入れよう 24
名前

文を読んで、ぴったりのかん字を入れよう。

① お店のたなに、商品をならべました。
② ぼくは、平せいで、父は昭和の生まれだ。
③ お父さんは、黒い手帳に日記を書いている。
④ 父が車を、バックで車庫に入れた。
⑤ 近くの公園まで、自転車で行った。
⑥ 新しい第一歩を、ふみ出しました。
⑦ 「おには外、福は内。」と、豆まきをする。

ヒント 福 帳 庫 転 昭 商 第

東書3年④

115

104

104 月 日
漢字を使おう 9②／くわしく表す言葉
かん字を入れよう 25
名前

文を読んで、ぴったりのかん字を入れよう。

① スーパーのくじ引きで、一等が当たった。
② 来週の予定をれんらくします。
③ 赤ちゃんが、お宮まいりに来ている。
④ かさがないので、のき下で雨宿りをする。
⑤ 犬が追いかけてきたので、走ってにげた。
⑥ 家の庭に、チューリップがさいた。

ヒント 定 宮 宿 庭 等 追

東書3年④

116

105

105 月 日
ゆうすげ村の小さなりょ館 ―ウサギのダイコン
かん字を入れよう 26
名前

文を読んで、ぴったりのかん字を入れよう。

① 夏休みに、家族四人で旅行に行った。
② ため息が出るほど、よいながめでした。
③ 家の二階のまどから、外を見る。
④ 本がいっぱい入っていて、かばんが重い。
⑤ 野さいを植えるために、畑をたがやす。
⑥ この夏は、去年にくらべてすずしかった。
⑦ 「ありがとう」と、心をこめてお礼を言った。
⑧ 校門の前で、友だちと待ち合わせする。

ヒント 息 旅 畑 礼 待 階 重 去

東書3年④

117

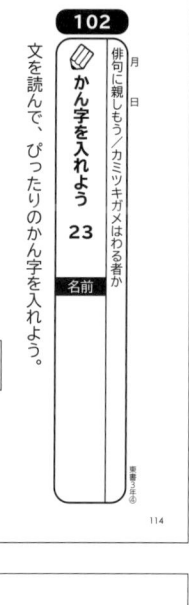

106

106

月　日

漢字を使おう 10／漢字の組み立てと意味

かん字を入れよう 27

名前

文を読んで、ぴったりのかん字を入れよう。

①五十メートルを、十 秒 で走った。

②これから、 病 気の友だちのお見まいに行く。

③キツネの親子の、 童 話を読んだ。

④遠くから、口 笛 をふく音が聞こえる。

⑤サーフィンをして、大きな 波 に乗っている。

東書3年④

118

ヒント　波　病　童　笛　秒

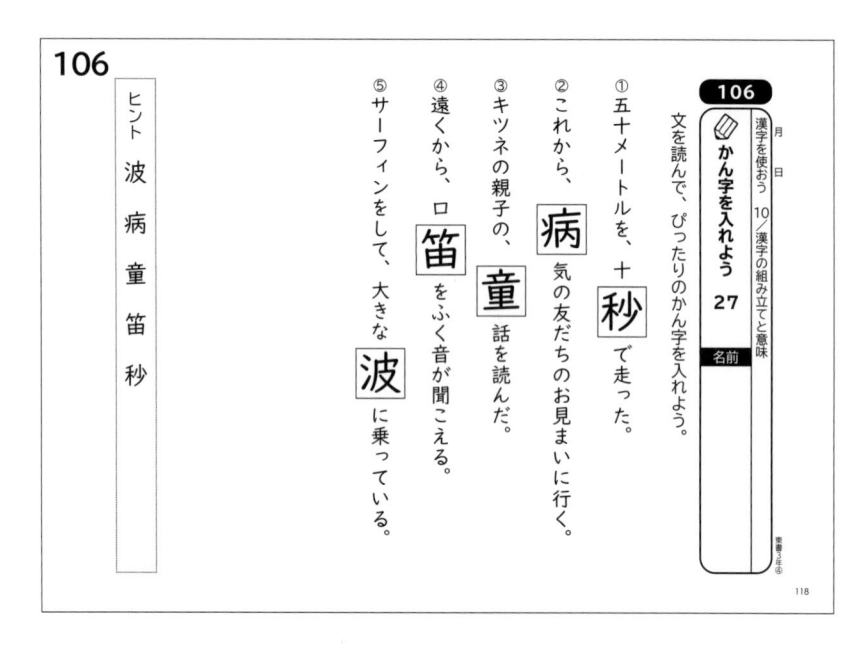

【監修者】
竹田　契一（たけだ　けいいち）
大阪医科薬科大学 LD センター顧問，大阪教育大学名誉教授

【著者】
村井　敏宏（むらい　としひろ）
青丹学園発達・教育支援センター フラーテル L.C.,
S.E.N.S（特別支援教育士）スーパーバイザー，言語聴覚士，
日本 LD 学会会員，日本 INREAL 研究会事務局

中尾　和人（なかお　かずひと）
小学校教諭，S.E.N.S（特別支援教育士），公認心理師，
精神保健福祉士，日本 LD 学会会員

【イラスト】 木村美穂
【表紙デザイン】 ㈲ケイデザイン

通常の学級でやさしい学び支援
改訂　読み書きが苦手な子どもへの
＜漢字＞支援ワーク　東京書籍３年

2024年８月初版第１刷刊　監修者　竹　田　契　一
©著　者　村　井　敏　宏
中　尾　和　人
発行者　藤　原　光　政
発行所　明治図書出版株式会社
http://www.meijitosho.co.jp
（企画・校正）西野千春
〒114-0023　東京都北区滝野川7-46-1
振替00160-5-151318　電話03（5907）6640
ご注文窓口　電話03（5907）6668
＊検印省略　組版所　株　式　会　社　明　昌　堂

本書の無断コピーは，著作権・出版権にふれます。ご注意ください。
教材部分は，学校の授業過程での使用に限り，複製することができます。

Printed in Japan　ISBN978-4-18-923339-8
もれなくクーポンがもらえる！読者アンケートはこちらから →

読み書きが苦手な子どもたちへ。

「ひらがなトレーニング」は、村井敏宏先生の長年にわたる、小学校ことばの教室での実践研究をベースにした教材プログラムです。このアプリが一味違うのは「子どもの言語発達」の流れに沿った難易度であり、しかも実証されたデータにも基づくわかりやすく、使いやすい教材だからです。

落ち着きがない、先生の話を聞くのが苦手、授業に集中できないなどの子どもたちでも、実際このアプリを使うと、最後まで楽しく、集中して取り組めていました。

子どもたちのヤル気を促し、教育効果の上がるゲーム感覚のアプリは今までになかったものです。多くの方々に使っていただけたら幸いです。

大阪教育大学名誉教授　竹田契一

累計十万部の超ベストセラー

『通常の学級でやさしい学び支援』

◎シリーズ初のアプリ好評配信中

明治図書　お問い合わせ先：明治図書出版メディア事業課

〒114-0023 東京都北区滝野川 7-46-1

http://meijitosho.co.jp/app/kanatore/

e-mail: digital@meijitosho.co.jp